복음이란 무엇인가? 12

개혁주의 기독교와 천주교, 무엇이 다른가?

임 덕 규 지음

*What is different between
Reformed Christianity and Roman Catholic?*

기독교문서선교회

기독교문서선교회(Christian Literature Center: 약칭 CLC)는
1941년 영국 콜체스터에서 켄 아담스에 의해 시작되었으며
국제 본부는 영국의 쉐필드에 있습니다.
국제 CLC는 59개 나라에서 180개의 본부를 두고, 약 650여 명의
선교사들이 이동도서차량 40대를 이용하여 문서 보급에 힘쓰고 있으며
이메일 주문을 통해 130여 국으로 책을 공급하고 있습니다.
한국 CLC는 청교도적 복음주의 신학과 신앙서적을 출판하는
문서선교기관으로서, 한 영혼이라도 구원되길 소망하면서
주님이 오시는 그날까지 최선을 다할 것입니다.

What is different between Reformed Christianity and Roman Catholic?

Written by

Duk-Kyu Im

Korean Edition
Copyright © 2015 by Christian Literature Center
Seoul, Korea

저자 서문

임덕규 / 충성교회 담임목사

이 책은 개혁주의 기독교와 천주교[1]의 차이를 드러내어 기독교 진리의 '우월성'과 '참된 진리성'을 드러내고자 쓴 것입니다. 그러므로 이 책을 읽는 독자들께서는 '오직 성경'만이 진리의 표준이요 예수님만이 하나님과 죄인된 인간 사이의 유일한 중보자 그리스도 되심을 확신하실 수 있기를 바랍니다.

그리하여 하나님의 절대주권에 교회와 자신의 운명을 맡기고 오직 하나님의 영광을 위하여 살아야 한다는 개혁주의에 뿌리내리시기를 기원합니다.

한국 개혁주의 기독교 지도자의 한 분이신 이성희

---

1 '천주교'(天主敎)는 우리보다 먼저 '로마 가톨릭'(Roman Catholic)이 들어온 중국에서 하나님을 '천주'(天主)라고 부른 데서 나온 명칭입니다. '로마 가톨릭교회'도 같은 뜻입니다. 이 책에서는 같은 뜻을 가진 이 세 용어를 구분 없이 자유롭게 사용했습니다.

목사님(서울 연동교회)이 「국민일보」 인터뷰에서 전한 말씀이 충격적입니다.

> 지난해 교황의 한국 방문으로 인해 많은 개신교인들의 로마 가톨릭교회에 대한 관심이 증대되고, 수년 내에 100만 명의 개신교인이 가톨릭으로 개종할 것이라는 예측도 있다(「국민일보」, 2015. 2. 14).

오늘날 일부 기독교 지도자들이나 복음주의자라고 자처하는 신학자들 가운데도 로마 가톨릭교회는 제1, 2차 바티칸공의회를 통해 많이 변화되었다고 말하면서 긍정적인 태도를 보이고 있습니다. 그러나 심창섭 전 총신대 부총장은 2014년 '교회갱신협의회' 수련회에서 이렇게 말하였습니다.

> 로마 가톨릭교회의 핵심적인 가르침은 전혀 변화된 것이 없고 도리어 강화된 것으로 보이며 단순히 기독교와 타종교를 포섭하기 위해 위장된 모습으로 대

화의 창을 열고 있을 뿐이다(「국민일보」, 2014. 8.19).

그는 "비성경적인 교황권 지상주의의 우상 아래 펼쳐지는 성유물 숭배와 마리아 숭배는 기독교 신앙을 오도한 대표적 사례"라며, "하나님과 사람 사이에 형성된 성모 마리아와 사제들의 중보자적 사역은 하나님께 직접 나아갈 수 있는 성도들의 보편적 권한을 박탈하고 있다"라고 주장했습니다.

또 "세례와 성찬 예식이 구원의 은혜가 주입되는 통로라는 기계론적 이해는 성경에 근거한 이론이 아니며, 사제들이 기도를 통해 포도주와 빵을 실질적으로 예수의 피와 살로 바꾼다는 주장도 억지주장이다"라고 말했습니다.

그리고 그는 "기독교는 성경의 진리에 뿌리를 두고 있기 때문에 성경의 가르침에 위배되는 주장을 수용할 수 없다"며 "가톨릭은 성경 외에 온갖 첨가물들을 진리로 수용하기 때문에 시대변화에 부응해 얼마든지 변신할 수 있다"라고 지적했습니다.

개혁주의 기독교는 성경만이 신앙과 생활의 유일의 법칙이라는 불변의 원칙 위에 서 있습니다. 우리는 천주교처럼 교회의 유전이나 교회 자체의 권위 같은 외적인 조건도, 신비주의처럼 주관적 체험이란 내적인 현상도 성경의 권위에 비견됨을 허락하지 않습니다. 성경은 유일의 법칙이며, 최고의 심판권을 가집니다. 모든 권위와 법칙들은 성경에서 시인되며 시정되어야 하는 것입니다.

이 책은 이런 관점에서 천주교의 비진리성을 지적하고, 오직 성경의 말씀에 따라 개혁주의 기독교가 참된 진리의 기초에 서 있고 구원을 보증한다는 사실을 증거하였습니다.

종교개혁주의자들이 주장했던 '오직 성경'(*Sola Scriptura*), '오직 믿음'(*Sola Fide*), '오직 그리스도'(*Solus Christus*), '오직 은혜'(*Sola Gratia*), '오직 하나님께 영광'(*Soli Deo Gloria*)이라는 모토가 이 시대에 다시 세워지기를 소원합니다. '오직 성경'이라는 종교개혁의 형식적 원리(말씀의 충분성)와 '이신칭의'라는 기독교의 실질적 원리(오직 믿음)가 한국 교회에서 바로 세워져야 합니다. 오직 예수님만이 하나님과 죄인된 인간 사이의 유일한 중보자 그리스도이십니다. 성모 마리아는 결코 공동 중보자가 될 수 없습니다.

  예수님은 그리스도 하나님의 아들이십니다. 예수님은 하나님의 아들 그리스도라는 증거로 십자가에서 우리 죄를 대신해서 피 흘려 죽으시고 죽은 자들 가운데서 부활하셨습니다. 이 복음으로 우리 인생의 모든 문제가 처리되고 해답을 얻습니다. 이 복음진리를 참되게 믿어 중생한 그리스도인이 되고, 이 복음진리로 해답을 얻고 살며, 이 복음진리를 가르치고, 이 복음진리를 전하는 전도자로 사시기를 기원해 마지 않습니다.

  이 진리를 따라 사는 자는 음부의 권세가 그를 이기지 못하고(마 16:18), 그 집을 반석 위에 세운 자이므로(마 7:24-25) 세상에서 반드시 승리의 삶을 살 것입니다. 개혁주의 기독교는 이 복음진리 위에 서 있기에 결코 무너질 수 없는 반석 위에 놓은 주추인 것입니다.

2015. 3. 1

목차

저자 서문   5

1 | 오늘날(2015) 천주교의 구원론은 변화되었는가?   13
2 | 오직 믿음으로 의롭게 된다   17
3 | 오직 성경으로!   21
4 | 66권 정경과 성경의 완전성   25
5 | 비성경적 마리아 무원죄 잉태설과 성모 승천설   29
6 | 마리아 숭배   33
7 | 제1대 교황 베드로?   37
8 | 교황 무오설   43
9 | 교황은 그리스도의 대리자인가?   49
10 | 교회의 바벨론 포로(오직 세례와 성만찬)   53
11 | 독일국가 귀족들에게 보내는 공개장(만인 제사장)   57
12 | 연옥의 존재   61
13 | 그리스도인의 자유   65
14 | 개혁주의 기독교와 천주교의 교회관에 대한 본질적 차이   69
15 | 사제의 독신   73
16 | 천주교의 성체 숭배(화체설과 영적 임재설)   77
17 | 연옥 대신 즉시 천국으로 들어간다   81

18	고해성사와 죄사함	85
19	죽은 자들을 위한 기도	89
20	성인들의 중보기도	93
21	개혁주의 기독교와 천주교의 세례관에 대한 본질적 차이	97
22	교회와 국가 간의 관계	101
23	성화상 숭배	107
24	묵주기도	113
25	성경 해석	117
26	구원의 확신 교리	123
27	도덕적 표준의 차이	129
28	'그리스도의 유일한 교회'는 가톨릭인가?	135
29	에큐메니칼(연합)운동	141
30	종교 다원주의	147
31	테레사 수녀의 어두움	153

부록 : 개혁주의 기독교와 천주교의 신학적 · 교리적 차이 요약 도표　157

*What is different between
Reformed Christianity and Roman Catholic?*

개혁주의
기독교와
천주교,
무엇이 다른가?

1

오늘날(2015) 천주교의 구원론은 변화되었는가?

"종교개혁 500주년을 앞둔 오늘날(2015), 천주교의 구원론은 변화되었는가?" 천주교는 트리엔트공의회(1545-1563) 이래로 칭의론을 위시해서 많이 변화가 있다고 보고 있습니다.

특히 제2차 바티칸공의회(1962-1965) 이후 풍성한 교회일치운동이 있었고, 1999년에는 루터파와 바티칸 사이에 '칭의에 관한 공동선언'까지 있었습니다. 이 선언에서 양측은 구원론에 관한 본질적 진리들을 합의하고, 여타의 여러 차이점들에서 큰 문제가 없다는 사실을 천명하였습니다.

그러나 천주교 측에서 이 공동선언의 지위는 구속력은 말할 것도 없고, 확증조차 되어 있지 않고 있습니다. 현재 구속력 있는 『가톨릭 교회 교리서』(1992)는 크게 달라지지 않고 있습니다. 이 교리서는 은혜의 필요성은 부정하지 않으나, 여전히 칭의 수단으로서 행위를 믿음에 덧붙임으로서 트리엔트공의회 내용과 동일합니다.

그리하여 2007년 7월 10일 교황 베네딕토 16세(현재 은퇴)는 로마 가톨릭 이외의 기독교 교파를 '올바르지 못한 교회'로 규정하는 교황청 문서를 발표하였습니다.

또한 베네딕토 16세를 대신하여 교황에 오른 프란치스코 현재 교황의 신앙도 로마 가톨릭교회의 제도와 비성경적 교회 위에 서 있는 사람입니다. 그는 "무신론자도 선행만 하면 천국에서 함께 만날 수 있다"라고 설교한 분입니다.

개혁주의 학자들은 천주교가 겉과 속이 다른 이중적 모습을 보이고 있다고 지적합니다. 로마 가톨릭의 사제들은 루터의 칭의론을 강의하고, 거듭남, 성령세례

등의 기독교 교리를 말하며, 사제와 수녀들이 복음적 집회에 참석하고 YMCA 모임도 참석하며 기독교 메시지와 신학용어도 자유자재로 인용하고 있습니다. 그러나 천주교 내 가르침의 실상은 이와는 정반대입니다.

일부 기독교 지도자들이나 진보적 성향의 신학자들은 제2차 바티칸공의회와 공동선언 등을 통해 천주교가 많이 변화했다고 말하면서 긍정적인 시각을 갖고 있습니다.

그러나 천주교의 핵심적인 가르침은 변화된 것이 없고 도리어 강화된 것으로 보이며 단순히 개신교와 타종교를 포섭하기 위해 위장된 모습으로 대화의 창을 열고 있을 뿐이라고 심창섭 전 총신대 부총장은 경고했습니다(「국민일보」, 2014. 8. 19).

예수님은 그리스도 하나님의 아들이십니다. 예수님은 하나님의 아들 그리스도라는 증거로 우리 죄를 대신해서 십자가에서 피 흘려 죽으시고 죽은 자들 가운데서 부활하셨습니다. 이 복음으로 우리 인생의 모든 문제가 처리되고 해답을 얻습니다. 이 복음으로 깊이 뿌리 내리시기를 기원합니다.

기독교는 성경의 진리에 뿌리를 두고 있기 때문에 성경의 가르침에 위배되는 주장은 수용할 수 없으며, 오직 믿음으로만 구원을 얻는다는 칭의신앙은 타협할 수 없는 진리이고 기독교 존립의 기초입니다. 성경 외에 교회 유전이나 여러 가지 첨가물들을 진리로 수용하는 천주교는 시대 변화에 부응하여 얼마든지 변신할 수 있다는 사실을 알아야 합니다(심창섭).

개혁주의 기독교는 '오직 성경'이라는 종교개혁의 형식적 원리와 '이신칭의'라는 실질적 원리를 굳게 붙잡고 시대의 조류에 편승하지 말고 유사 진리에 속아서는 안 될 것입니다.

2

오직 믿음으로 의롭게 된다

～

"오직 믿음으로 의롭다 함을 얻는다"라는 것은 마틴 루터의 위대한 영적, 신학적 발견이었습니다. 그러나 그가 이 진리를 쉽게 발견한 것은 아니었습니다. 루터는 로마서에 나오는 '하나님의 의'를 하나님께서 의로운 분이시기에 불의한 사람들을 공정하게 처벌하신다는 뜻으로 받아들여 성난 하나님을 사랑할 수 없었으나, 로마서 말씀을 묵상할 때 빛을 보았습니다.

> 복음에는 하나님의 의가 나타나서 믿음으로 믿음에 이르게 하나니 기록된 바 오직 의인은 믿음으로 말미암아 살리라 함과 같으니라(롬 1:17).

루터는 '하나님의 의'란 하나님께서 은혜와 순수한 자비를 발휘하신 나머지 우리의 믿음을 보시고 우리에게 죄가 없는 것으로 취급하는 의라는 것을 깨달았습니다.

다시 말하면 여기서 '의'란 죄인을 정죄하는 형벌적인 의가 아니라 하나님이 예수 그리스도의 공로를 근거로 죄인에게 조건 없이 베풀어주시는 '하나님의 완전한 의'라는 사실을 깨달은 것입니다. 그리하여 루터는 '오직 그리스도'로 인하여 '오직 믿음'을 통해 '오직 은혜'로 의롭다 함을 얻는다는 진리야말로 복음의 심장이며 낙원으로 들어가는 열린 문이요 천국으로 들어가는 통로임을 깨달았습니다. 이런 루터의 복음진리 체험에 대하여 트리엔트 공의회는 정면으로 반대하였습니다.

> 누구든지 죄인이 오직 믿음으로 말미암아 의롭다 함을 받는다고 말한다면…그에게 저주가 있을지어다.

천주교 교리는 그리스도의 은혜가 주입되고 신자가 이 은혜에 동의하여 이 은혜와 협력할 때 주입된 의에 의하여 신자가 의로워질 수 있다고 주장합니다. 기독교의 오직 '믿음' 대신에 천주교는 '믿음+행위'로 구원을 얻는다고 하는 것입니다.

예수님은 그리스도 하나님의 아들이십니다. 예수님은 하나님의 아들 그리스도라는 증거로 십자가에서 우리 죄를 대신해서 피 흘려 죽으시고 죽은 자들 가운데서 부활하셨습니다. 이 복음으로 우리 인생의 모든 문제가 처리되고 해답을 얻습니다.

우리의 구원은 죄인된 우리를 대신한 '그리스도의 전가된 의'에 있습니다. 천주교 교리처럼 '주입된 그리스도의 의'가 아닙니다. 그것은 '그리스도의 의'가 아니라 신자가 스스로 수행하는 신자의 의입니다. 결국 신인협력으로 구원을 얻는다는 것입니다.

아닙니다! 성경은 '오직 그리스도의 의'의 전가를 받아 아무 공로 없는 죄인이 의인이 됩니다. 결코 타협할 수 없는 진리입니다. 오직 그리스도, 오직 믿음, 오직 은혜로 답이 나오기를 기원합니다.

*What is different between
Reformed Christianity and Roman Catholic?*

개혁주의 기독교와 천주교, 무엇이 다른가?

3

오직 성경으로!

2014년 8월 14일(목) 프란치스코 로마 가톨릭교회의 교황이 4박 5일의 일정으로 한국을 방문하였습니다. 정부는 국빈 방문에 준하는 예우를 하고 있습니다.

우리는 이 기회를 맞이하여 기독교회와 로마 가톨릭교회와의 차이에 관한 것을 계속 알아보고 있습니다. 그것은 양측의 주장이 너무 큰 차이가 있기 때문입니다.

양측을 분리하는 두 가지 중요한 논점 중 하나인 '하나님의 백성을 위한 신앙적 진리의 원천'(오직 성경)에 초점을 맞추어 살펴보고자 합니다.

또 하나의 논점은 인간이 하나님과의 관계를 어떻게 회복할 수 있느냐에 관한 것으로, 기독교 신자들은 '이신칭의'의 교리를 그 대답으로 제시한 바 있습니다.

우리 기독교 신자들은 오직 성경만을 우리의 권위로 인정합니다. 이에 비해 로마 가톨릭교회의 신자들은 성경 자체만으로는 하나님의 백성의 권위로 충분하지 않으며, 따라서 성경 외에도 교회의 전통을 권위로 인정해야 한다고 주장합니다. 로마 가톨릭교회는 전통을 성경 해석의 기준으로 삼음으로써, 결과적으로는 전통이 성경을 대신하게 되고 말았습니다.

로마 가톨릭교회는 십자가의 길 14처소, 성인과 천사숭배, 마리아 교리(무원죄 잉태설, 성모 승천설, 마리아를 그리스도와 동일한 중보자로 삼는 공동 중보자설)를 주장하나 성경이 하나도 그것을 지지하지 않습니다.

모두 가톨릭교회의 전통이 만든 산물입니다. 성경은 스스로 말하지도 않으며 말할 수도 없다는 것이 로마 가톨릭교회의 공식적인 성경관입니다.

그러나 '오직 성경'으로 라는 종교개혁의 원리는 성경의 충족성, 곧 성경이 영적 문제에 관해 최고의 권위를 지닌다는 사실과 관련이 있습니다. '오직 성경'으로는 우리의 구원과 신앙생활에 필요한 모든 진리가 성경에 명시되었거나 암시되어 있다고 가르칩니다.

종교개혁은 말씀을 은혜의 수단으로 사용해야 한다고 대답합니다. 하나님의 말씀을 읽고, 전하고, 듣고, 찬양하고, 묵상함으로써 말씀의 능력을 체험할 수 있습니다. 교회의 전통은 인간을 구원할 수 없고 변화시킬 수 없습니다. '오직 성경'으로는 오직 성경으로 충족하다는 뜻인 것입니다.

예수님은 그리스도 하나님의 아들이십니다. 예수님은 하나님의 아들 그리스도라는 증거로 십자가에서 우리 죄를 대신해서 피 흘려 죽으시고 죽은 자들 가운데서 부활하셨습니다. 이 복음으로 우리 인생의 모든 문제가 처리되고 해답을 얻습니다. 이 복음으로 깊이 뿌리내리시기를 기원합니다.

그리스도 복음은 하나님의 계시의 말씀의 함축이며 중심입니다. 그리스도의 복음을 담은 성경은 스스로 충족성을 만족시킵니다. 신앙과 생활의 유일한 법칙으로 역사하고 인도합니다. 기록된 말씀에 전통을 더하면 안 됩니다. '오직 성경'으로 충족되는 것입니다. 우리는 바로 알고 믿어야 구원을 얻습니다.

4

66권 정경과 성경의 완전성

기독교는 성경은 특별 계시의 책으로서 신앙과 생활의 유일한 법칙이라고 믿습니다. 기독교는 천주교처럼 교회의 유전이나 교회 자체의 권위 같은 외적인 조건이 성경의 권위에 비견됨을 허락하지 않습니다.

신앙과 생활의 유일한 법칙인 성경에 대하여 기독교와 천주교는 두 가지 큰 차이점이 있습니다. 먼저 성경의 정경 인정에 있어서 다음으로 성경의 완전성 이해에 있어서 큰 차이가 있습니다.

첫째, 기독교는 구약 39권과 신약 27권의 도합 66권의 성경만을 정경으로 인정합니다. 그러나 천주교는 구약 39권에 외경 7권을 첨부하여 신·구약 총 73권을 정경으로 인정하고 있습니다(천주교 외경은 토비트, 유딧, 마카베오상, 마카베오하, 지혜서, 시락서, 바룩 등의 7권).

그러나 기독교는 외경이라는 책들은 하나님의 감동으로 된 것이 아니므로 정경에 속하지 못하며, 따라서 교회에 대하여 권위를 가지지 못한다고 봅니다. 외경은 사람의 작품일 뿐 그 이상 달리 인정받거나 사용될 수 없다고 보는 것입니다.

둘째, 기독교는 성경의 완전성을 주장한 데 반하여, 천주교는 성경 외에 교회 전승을 주장하므로 교회가 정경에 선행하며, 정경은 교회 안에서 발전되고, 나아가 교회가 '성경의 어머니'라는 결론을 내렸습니다.

그 결과 기독교가 성경의 신적 원리를 절대적으로 인정하는 것과 달리, 천주교는 성경의 존재와 권위는 교회에 의해서 주어지는 것이라고 주장했습니다.

또한 천주교는 성서의 중요성과 유용성은 인정하면서도, 성경의 절대적 필요성은 인정하려 하지 않습니다. 천주교는 성서가 교회를 필요로 한다고 말하는 것입니다.

또한 천주교는 성서의 해석은 교회만이 할 수 있고 '개인판단 권리'를 인정하지 않습니다. 기독교는 하나님의 자녀는 성경을 통하여 성부 하나님의 음성을 들을 수 있는 권리가 있다는 주장에 동의합니다. 천주교는 이것을 반대하는 것입니다. 그러나 그것은 사실을 왜곡하는 것입니다. 진실하게 구원을 찾는 사람에게는 누구나가 이 지식을 섭취할 수 있는 단순하고도 이해하기 쉬운 형식으로 성경을 통해 전달되었기 때문에, 교회나 사제에 의존할 필요가 없다고 보는 것입니다.

또한 천주교는 성경의 충족성을 기독교와 달리 이해합니다. 그들은 구전을 성경의 권위와 동등하게 인정하기 때문입니다. 그러나 기독교는 성경의 완전성 혹은 충족성을 믿습니다. 기독교는 성경이 개인과 교회 생활의 유일한 법칙인 것을 믿는 것입니다. 기독교 신자는 교회 유전이 아니라 성경 말씀을 굳게 믿고 기도하여 그 말씀의 응답을 얻고 살아갑니다.

예수님은 그리스도 하나님의 아들이십니다. 예수님은 하나님의 아들 그리스도라는 증거로 십자가에서 우리 죄를 대신해서 피 흘려 죽으시고 죽은 자들 가운데서 부활하셨습니다. 이 복음으로 우리 인생의 모든 문제가 처리되고 해답을 얻습니다.

그리스도 복음은 하나님의 모든 계시의 함축이며 중심입니다. 천주교처럼 교회 유전이나 사제에게 의뢰할 필요가 없습니다. 오직 성경으로, 오직 믿음으로, 오직 은혜로, 오직 그리스도로, 그리고 오직 기도하며 직접 하나님 앞에 나아가 인생 문제의 답을 얻는 것입니다. 이것이 성경이 제시하는 정상적인 그리스도인의 신앙생활입니다.

5

비성경적 마리아 무원죄 잉태설과 성모 승천설

2014년 8월 15일 방한한 프란치스코 로마 교황은 대전 월드컵경기장에서 5만여 가톨릭 신자와 함께 성모 승천 대축일 미사를 드렸습니다. 로마 가톨릭의 교리에 의하면 성모 마리아는 원죄가 없이 잉태했고, 죽지 않고 승천했다는 성모 승천설을 주장합니다.

그래서 프란치스코 교황은 한국에 와서 성모 마리아의 승천 미사를 집례했고, 신자들은 그 미사에 참석하면서 '비바 파파'(교황 만세)를 연호하였던 것입니다. 그러나 기독교 입장에서는 오직 성경의 충족성을 믿는 관점에서, 성모 승천 교리는 성경이 전혀 지지하지 않는 교리라고 일축하고 있습니다.

오직 우리 주 예수 그리스도만이 원죄 없이 성령으로 잉태하여(마 1:20) 이 세상에 탄생하신 분이며, 죽은 자들 가운데서 부활하신 후 승천하신 분(눅 24:51; 행 1:9-11)이라고 성경은 증거하고 있습니다.

또 천주교는 성모 마리아의 무원죄 잉태설과 성모 승천설만 주장하는 것이 아니라 한 걸음 더 나아가 그리스도와 공동 중보자로 주장하기도 합니다. 물론 마리아의 (그리스도와의) 공동 중보자설도 성경이 지지하지 않고 있습니다.

> 하나님은 한 분이시오 또 하나님과 사람 사이에 중보자도 한 분이시니 곧 사람이신 예수 그리스도라(딤전 2:5).

하나님과 죄인된 인간 사이에 중보자는 오직 하나님의 아들 예수 그리스도뿐입니다. 그리스도는 우리 죄를 대신해서 속죄하심으로 하나님과 우리 사이에 중보자가 되어 주신 것입니다. 마리아가 우리 죄를 대신해

죽은 것이 아닙니다. 그녀는 한 인간이며 결코 그리스도와 공동 중보자가 될 수 없습니다. 마리아를 숭배하면 안 됩니다.

예수님은 그리스도 하나님의 아들이십니다. 예수님은 하나님의 아들 그리스도라는 증거로 십자가에서 우리 죄를 대신해서 피 흘려 죽으시고 죽은 자들 가운데서 부활하셨습니다. 이 복음으로 우리 인생의 모든 문제가 처리되고 해답을 얻습니다. 이 복음으로 깊이 뿌리내리시기를 기원합니다.

예수님이 하나님의 아들, 예수님이 그리스도, 예수님이 내 죄를 대속하기 위해서 십자가에서 죽으시고 부활하셨다는 진리의 실재성을 확신하시기 바랍니다. 그럴 때 신자는 구원을 얻고 구원을 확신하게 되며 성경 이외의 잘못된 교리에 대한 바른 이해를 갖고 실로 천국의 소유자로 행복을 구가하며 살게 됩니다. 이 그리스도 복음진리에 대한 확신을 갖고 증인으로 사시기를 축원합니다.

*What is different between
Reformed Christianity and Roman Catholic?*

개혁주의
기독교와
천주교,
무엇이 다른가?

6

마리아 숭배

―

  천주교도들은 기독교인들이 "당신들은 마리아 숭배를 하고 있다"라고 말하면 절대 그렇지 않다고 변명합니다. 로마 가톨릭교회는 공식적으로는 마리아 숭배를 부정합니다.

  그러나 로마 가톨릭교회는 마리아가 수백만 신자들의 기도를 들으며, 그리고 그녀는 세계 도처에서 자기를 따르는 사람들에게 보호를 베푼다고 우리에게 말합니다. 그러므로 외관적인 주장과 실제적인 행동은 두 가지의 전혀 다른 일입니다.

  우리는 수백만 신도들이 마리아의 형상 앞에서 무릎 꿇고 기도하며, 또 그녀에게 찬미하기 때문에 이 같은 행위가 예배이며, 결국 우상 숭배인 것을 부인하기 어렵습니다.

마리아에게 편재와 전능의 속성을 부여하고 마리아가 승천 후에도 '하늘의 여왕'으로 앉아 있다고『가톨릭 교회 교리서』는 말하고 있습니다(제966항). 그리하여 천주교 신자는 하나님과 그리스도께 기도하는 것과 같은 종류의 용어로 기도합니다.

또 마리아에게 드리는 기도들은 하나님께 예배드리는 것과 같은 일반적인 과정으로 드려집니다. 무릎 꿇고 기도하고, 기도의 형식과 내용이 하나님께 드리는 것과 같습니다.

가톨릭은 성모 마리아상 앞에 기도하는 것이 숭배가 아니라 공경하는 것이라고 변명합니다. 그러나 마리아는 '하나님의 어머니', '원죄 없는 자', '승천한 자', '우리를 보호하는 자', '우리의 중보자' 그리고 '하늘의 여왕'으로 믿고 그 마리아 상 앞에서 절하는 것은 마리아를 '신'(God)으로 숭배하는 행위와 동일한 것으로 보지 않을 수 없습니다.

성경은 하나님 이외에 어떤 형상도 만들지 말고, 그것들에게 절하지 말고, 그것들을 섬기지 말고, 하나님께만 경배하고 하나님만 섬기라고 명령합니다(출 20:3-4; 계 19:10; 22:8-9).

그러면 마리아에 대한 기독교의 태도는 무엇입니까? 우리는 성경이 "여자 중에 네게 복이 있도다"(눅 1:42)라고 한 명예와 함께 마리아 곧 우리 예수님의 어머니를 존경합니다.

온 인류 가운데 다른 사람들은 세상의 구세주의 어머니가 되도록 선택받은 마리아에게 주어진 것과 같은 높은 영예를 받지 못하였습니다. 마리아는 참으로 높은 미덕과 뛰어난 믿음을 가진 여인이었습니다.

우리는 마리아를 존경하며, 모든 세대 사람들이 그녀를 '축복 받은 여자'로 부를 것입니다. 그러나 그녀는 경배의 대상은 아닙니다. 우리는 그녀를 경배하지 않으며, 그녀에게 기도하지 않습니다.

우리는 그리스도를 그분의 왕적 지위에서 끌어내리고 대신 마리아를 오직 그리스도에게만 속한 지위로 끌

어올릴 때 강력하게 항의할 것입니다. 그녀는 결코 중보자가 될 수 없으며, 아담의 후손으로 태어난 죄인 중의 하나에 불과합니다.

예수님은 그리스도 하나님의 아들이십니다. 예수님은 하나님의 아들 그리스도라는 증거로 십자가에서 우리 죄를 대신해서 피 흘려 죽으시고 죽은 자들 가운데서 부활하셨습니다. 이 복음으로 우리 인생의 모든 문제가 처리되고 해답을 얻습니다. 이 복음으로 깊이 뿌리내리시기를 기원합니다.

하나님과 죄인된 인간 사이에 중보자는 오직 한 분 예수 그리스도뿐입니다. 그리스도만이 우리의 구주시요 구원자시요, 인도자시요, 생명이시요, 능력이시며 하나님께 나아가는 유일한 길이십니다. 그리스도는 하나님이십니다. 예수 그리스도의 지위를 대신하려는 마리아 숭배운동에 우리는 끝까지 항의할 것입니다.

7

제1대 교황 베드로?

로마 가톨릭교회의 전체적인 구조는 마태복음 16장 13-19절에 그리스도께서 베드로를 첫 번째 교황으로 임명했다는 사실과 이러한 이유로 그에게 교황권이 주어졌으며, 교황 제도가 창설되었다는 가정 위에 세워졌습니다.

> 너희는 나를 누구라 하느냐 시몬 베드로가 대답하여 이르되 주는 그리스도시오 살아계신 하나님의 아들이시니이다…또 내가 네게 이르노니 너는 베드로라 내가 이 반석 위에 교회를 세우리니 음부의 권세가 이기지 못하리라(마 16:15-18).

그러나 '베드로'는 '남성 명사'인데 반해, '반석'은 '여성 명사'이므로, 반석은 베드로가 아닌 것이 분명합니다. 그래서 기독교의 해석은 '반석'이 베드로라는 인격이 아니라 '베드로의 신앙고백'이라고 봅니다.

이에 따라 "너의 이름은 페트로스(Petros, 베드로)라, 그리고 네가 고백한 진리는 페트라(petra, 반석)라. 내가 그(petra, 페트라) 위에 내 교회를 세우리라"라고 말할 수 있습니다. "주는 그리스도시오 살아계신 하나님의 아들"이라는 신앙고백의 진리가 교회의 기초인 것입니다.

또한 로마 가톨릭교회는 베드로가 로마에서 첫 번째 교황이며 그 후의 교황들은 베드로의 계승자라고 주장합니다. 그러나 베드로는 그가 쓴 두 개의 서신에서 자신의 지위를 밝혔습니다.

> 너희 중 장로들에게 권하노니 나는 함께 장로 된 자요 그리스도 고난의 증인이요(벧전 5:1).

베드로에 대한 사도 바울의 입장을 볼 때도 로마 교회에서 바울의 영향력이 베드로보다 훨씬 더 컸음을 알 수 있습니다. 바울은 갈라디아 교회에 보낸 편지에서 베드로의 권위를 책망한 경우도 있었습니다(갈 2:11-14). 바울은 다음과 같이 말하여 자신을 베드로와 동등한 자의 위치에 올려놓고 있습니다.

> 베드로에게 역사하사 그를 할례자의 사도로 삼으신 이가 또한 내게 역사하고 나를 이방인의 사도로 삼으셨느니라(갈 2:8).

바울과 마찬가지로 다른 사도들도 전적으로 베드로가 교회의 머리로 임명되었다는 것을 의식하지 않았습니다. 또한 중요한 예루살렘 공회의(행 15장)에서 공의회를 주재하는 의장은 야고보였습니다(행 15:19). 오직 그리스도만이 교회의 머리입니다.

> 너희는 사도들과 선지자들의 터 위에 세우심을 입

은 자라 그리스도 예수께서 친히 모퉁잇돌이 되셨느니라 (엡 2:20).

또한 가톨릭 전통에 따르면 베드로는 로마의 첫 번째 교황(주후 42-67)이라고 하나, 그가 로마를 방문했다는 증거가 그의 서신이나 신약성경 어느 곳에도 나타나지 않고 있습니다.

우리는 베드로를 무시하거나 격하시킬 이유가 없습니다. 그는 사도들 중에 뛰어난 역할을 한 사도의 한 사람이었습니다. 다만 베드로의 초대 교황권 교리는 큰 잘못임을 밝히는 것뿐입니다.

예수님은 그리스도 하나님의 아들이십니다. 예수님은 하나님의 아들 그리스도라는 증거로 십자가에서 우리 죄를 대신해서 피 흘려 죽으시고 죽은 자들 가운데서 부활하셨습니다. 이 복음으로 우리 인생의 모든 문제가 처리되고 해답을 얻습니다. 이 복음으로 깊이 뿌리내리시기를 기원합니다.

가톨릭 교리보다 성경 진리가 우선입니다. "예수님이 그리스도시오 살아계신 하나님의 아들"이라는 진리 자체를 믿고 체험할 것입니다. 딱하게도 전(全) 교황 제도는 베드로가 로마 교황이냐 아니냐에 따라 존폐를 달리합니다.

신약성경 어느 곳도 신뢰할 만한 역사적 기록도 베드로가 로마의 교황이었다거나 그가 교황으로서 그러한 권세를 가졌다는 어떤 이유도 제공해 주지 않습니다. 우리는 그들을 위해 기도하는 수밖에 없습니다. 그들도 모두 예수 그리스도 복음의 진리 안에 들어오기를 기원해 마지 않습니다.

*What is different between
Reformed Christianity and Roman Catholic?*

개혁주의 기독교와 천주교, 무엇이 다른가?

8

교황 무오설

1520년 6월 로마 교황은 마틴 루터에게 교서를 보내 그의 주장을 철회하라고 최후통첩을 보냈습니다. 그러나 루터는 이 교서를 받은 후 밤낮없이 반박 논문을 썼습니다.

1520년 8월 "독일국가 귀족에게 보내는 공개장"을 썼는데, 여기서 루터는 교회 안에 세워진 장벽들(성직자와 평신도 사이의 장벽, 로마 교황의 장벽 등)이 무너져야 한다고 역설했습니다.

무너져야 할 장벽 중에 로마 교황을 둘러싸고 있는 장벽은 매우 높은 장벽이었습니다. 교황만이 성경을 해석할 수 있는 전권을 갖고, 교황은 신앙과 교리 문제에 있어서 잘못이 있을 수 없다는 '교황 무오설'의 장벽이 무너져야 한다는 것입니다. 이는 당시 로마 가톨릭교회에서 성역 중의 성역이었던 교황권에 대한 정면 도전이었습니다.

루터의 논문은 로마 가톨릭교회를 향한 신학적 결별의 선언이었습니다. 그는 이 선언을 행동으로 옮겼습니다. 1620년 12월 비텐베르크대학 문 앞에서 그는 학생들에게 둘러싸여 그에게 보낸 '교황 교서'를 공개적으로 불살라 버렸습니다. 그러자 1521년 1월 교황은 루터를 파문하였습니다.

우리는 루터의 견해가 전적으로 성경적이며, 로마 교황권의 근거는 성경에 근거하지 않는 것이라고 굳게 믿습니다.

천주교 교리에 의하면 교황은 그리스도의 대리자이며 교회의 최고 통치자라고 주장하고, 그 근거로 마태복음 16장 15-19절을 들고 있습니다.

여기서 베드로는 "주는 그리스도시오 살아계신 하나님의 아들이시니이다"(마 16:16)라고 고백했고, 예수님은 이 고백을 들으시고 "너는 베드로라 내가 이 반석 위에 내 교회를 세우리니"(마 16:18)라고 말씀하셨습니다.

천주교는 이 '반석'은 곧 베드로라고 보고 베드로 위에 그리스도의 교회를 세운 것이라고 주장합니다. 그리고 베드로는 목회하다가 로마에서 순교했기 때문에 로마의 주교인 교황이 베드로의 후계자가 된다고 주장합니다. 그러나 성경은 반석이 베드로가 아니라 베드로가 고백한 신앙고백 위에(마 16:18) 그리스도 교회를 세운다고 한 것입니다.

또한 베드로가 교황으로 언급된 적도 없으며, 사도행전 15장의 예루살렘공회의에서 실질적 지도자로 교회결정을 주관한 사람은 베드로가 아니라 예수님의 동생 야고보였습니다(행 15:13-21).

갈라디아서 2장에 보면 "기둥같이 여기는 야고보와 게바와 요한"(갈 2:9)이라고 하여, 야고보를 앞세우고 있으며, 심지어 바울 사도는 외식한 베드로를 정식으로 면책하기도 하였습니다(갈 2:11-14). 그리고 베드로가 로마의 주교로 있었다는 역사적 근거도, 베드로의 후계자가 교황이라는 근거도 없습니다.

또한 "교황은 오류가 없다"라고 하나 아무런 성경 근거도 없으며, 역사적으로 교황들은 많은 오류를 범한 것이 증명되고 있습니다. 심지어 어떤 교황들은 매우 부도덕한 사람들이었습니다. 또한 교황의 면죄권(교황이 그리스도를 대신해서 죄를 용서해 준다)도 성경적 근거가 없으며, 그들의 면죄부도 말이 안 되는 주장입니다(유선호, 『천주교를 배격하는 7가지 이유』). 그래서 총신대 서창원 교수는 다음과 같이 주장했습니다.

> 로마 가톨릭교회는 그리스도의 수장권 자체를 부정하는 집단이라는 측면에서 '주님의 교회'가 아닌 '교황 교회'이다(「한국교회공보」, 2014. 8. 30).

예수님은 그리스도 하나님의 아들이십니다. 예수님은 하나님의 아들 그리스도라는 증거로 십자가에서 우리 죄를 대신해서 피 흘려 죽으시고 죽은 자들 가운데서 부활하셨습니다. 이 복음으로 우리 인생의 모든 문제가 처리되고 해답을 얻습니다. 그리스도 복음은 모든 하나님의 말씀의 함축이며 중심입니다.

성경에 근거도 없는 인간의 소리로 구원을 얻을 수 없습니다. 오직 그리스도, 오직 믿음, 오직 은혜, 오직 성경으로 구원을 얻습니다. 우리는 개혁교회의 진리를 굳게 믿으며, 이 진리로 구원을 얻고 죄에서 자유를 얻고 심령천국을 이루며 살고 있습니다. 예수 그리스도의 복음진리에 굳게 서서 구원을 향유하며 사시기 바랍니다.

What is different between
Reformed Christianity and Roman Catholic?

개혁주의
기독교와
천주교,
무엇이 다른가?

9

교황은 그리스도의 대리자인가?

새로운 교황의 대관식에서 삼중의 면류관이 머리에 씌워질 때에 다음과 같은 선언문이 선포됩니다.

> 세 가지 왕관으로 장식된 삼중관을 받으라. 그리고 그대는 왕자들과 왕들의 아버지이며 세계의 지배자, 우리 구주 예수 그리스도의 대리자임을 알라…
> (National Catholic Almanac)

지상에서 그리스도의 대리자로서 교황은 세계의 통치자이며, 로마 가톨릭교회 그 자체뿐만 아니라 모든 왕들, 대통령들, 그리고 시민의 지배자들, 참으로 모든 사람과 국가들 위에 군림하는 최고의 통치자입니다. 교황들은 왕들이나 통치자들을 추방하거나 물러나게 하였습니다.

교황이 쓰고 있는 삼중의 왕관은 하늘, 지구, 그리고 자하세계, 즉 하늘의 왕, 지구의 왕, 그리고 지옥의 왕으로서 그의 권위를 상징합니다. 교황은 연옥에 있는 영혼들에게 시행하는 특별한 재판권과 그의 열쇠의 권능의 실행을 통해서 자기가 기뻐하는 영혼은 누구든지 고통에서 해방할 수 있으며, 그가 해방하지 않는 영혼들은 계속 그들의 고통 가운데 있게 됩니다. 교황이 땅에서 내린 결정은 하늘에서 인준됩니다(『가톨릭 교회 교리서』, 제881, 882, 883, 1471항).

그러나 성경은 땅 위에서 그리스도의 대리자는 성령이라고 가르칩니다. "보혜사 곧 아버지께서 내 이름으로 보내실 성령 그가 너희에게 모든 것을 가르치고"(요 14:26)라고 교훈합니다. 성령 하나님이 그리스도 교회를 인도하시고 성장시키는 사역을 효과적으로 완전히 수행할 수 있는 지혜와 능력의 속성을 지니고 계십니다.

종교개혁자들은 로마 교회의 "이와 같이 교회가 말씀하신다"에 반대하여, "이와 같이 주님께서 말씀하신다"라고 바르게 가르쳤습니다. 오직 그리스도만이 교회의 머리이며, 이 땅에서 그리스도의 대리자는 교황이 아니라 성령 하나님이신 것입니다.

또한 로마 교황은 세속적인 권세를 가진 군주입니다. 바티칸 시국의 왕입니다. 그러나 우리 주 그리스도는 그분의 나라가 이 세상에 속하지 않았다고 말씀하셨으며, 자신을 붙들어 임금으로 삼으려는 군중을 피하여 산으로 가셨습니다(요 6:15).

그러므로 교황권은 그리스도 안에 있는 영적인 조직체가 아니라 세속적이며 외부적인 조직체인 것입니다.

예수님은 그리스도 하나님의 아들이십니다. 예수님은 하나님의 아들 그리스도라는 증거로 십자가에서 우리 죄를 대신해서 피 흘려 죽으시고 죽은 자들 가운데서 부활하셨습니다. 이 복음으로 우리 인생의 모든 문제가 처리되고 해답을 얻습니다. 이 복음으로 깊이 뿌리내리시기를 기원합니다.

복음을 받은 그리스도인은 이 세상에서 그리스도의 대리자이신 성령님의 내주, 인도, 역사하심 속에서 살아갑니다. 이 세상에서 우리의 임금과 그리스도 교회의 머리는 오직 그리스도뿐입니다. 결코 교황이 그리스도의 대리자가 될 수 없으며, 교회의 머리가 될 수 없습니다.

복음을 받은 그리스도인은 오직 그리스도, 오직 성령, 오직 그리스도 충만, 오직 성령 충만을 받도록 기도하고, 성령의 인도 속에 살고 성령의 권능을 받아 땅 끝까지 그리스도의 증인으로 살고자 하는 결단의 기도를 드리시기 바랍니다.

10

교회의 바벨론 포로(오직 세례와 성만찬)

1520년 6월 로마 교황청으로부터 최후통첩을 받은 루터는 밤을 새워가며 장문의 논문 3편("독일 국가 귀족들에게 보내는 공개장", "교회의 바벨론 포로", "크리스천의 자유")를 연속해서 집필하였습니다.

우리는 루터가 주장한 "교회의 바벨론 포로"에 관한 내용을 살펴보며 기독교와 천주교의 핵심적 차이를 밝히고자 합니다.

루터에 의하면 이 논문 제목이 시사하는 대로 과거 이스라엘 백성들이 바벨론에서 포로 생활을 했던 것처럼 그리스도께서 머리 되신 '참된 교회'도 당시 가톨릭 교회의 포로가 되고 말았다는 것입니다. 즉 신약성경이 보여 주는 교회의 진정한 모습과 당시 교회 사이에는 큰 거리가 있다는 주장이었습니다.

루터는 그의 논문에서 로마 가톨릭교회에서 종교의식의 핵심을 이루는 7가지 성례전 가운데 오직 두 가지만이 진정한 성례전이라고 주장했습니다. 그것은 '세례'와 '성만찬'입니다. 이 두 가지만이 예수님께서 제정하신 것이며, 다른 것은 성례전으로 성경적 근거가 없다는 것이었습니다. 우리는 루터의 주장이 성경적이라고 굳게 믿습니다.

루터의 주장은 당시 로마 가톨릭교회에 대단히 큰 충격을 주었습니다. 로마 가톨릭교회는 전통적으로 7가지 성례전을 통해 교회를 유지하고 교인들을 장악할 수 있었기 때문이었습니다. 만일 그들의 성례전 제도가 루터의 주장대로 된다면 로마 가톨릭교회는 무너지는 것입니다.

로마 가톨릭교회는 7가지 성례전을 주장하며, 이를 통해 천국에 이르는 계단으로 삼고 있습니다.

1. 영세(Baptism)

2. 견진(Confirmation)

3. 고해(Penance)

4. 성체(Holy Eucharist)

5. 혼배(Matrimony)

6. 신품(Holy Orders)

7. 종부(Extreme Unction)

가톨릭은 천국에 이르는 이 7개의 사다리를 통해 천국에 이른다고 주장합니다. 그러나 이러한 가톨릭의 주장은 앞서 루터가 논증한 바대로 '세례'와 '성만찬' 외에는 성경적 근거가 없는 것입니다.

예수님은 그리스도 하나님의 아들이십니다. 예수님은 하나님의 아들 그리스도라는 증거로 십자가에서 우리 죄를 대신해서 피 흘려 죽으시고 죽은 자들 가운데서 부활했습니다. 이 복음으로 우리 인생의 모든 문제가 처리되고 해답을 얻습니다.

   가톨릭교회가 정한 성례전을 따라야 천국 가는 것이 아닙니다. 예수님을 하나님의 아들 그리스도로 믿는 순간 중생하고 천국 백성이 됩니다. 신자는 교회의 포로가 아니고 교회의 존귀한 몸의 일부이며 그리스도 안에서 자유자입니다.

   진리를 모르고 어둠 속에 살지 마시고 그리스도의 진리를 깨닫고 빛 속에서 자유자로 사시기를 주의 이름으로 축원합니다.

11

독일국가 귀족들에게 보내는 공개장(만인 제사장)

1520년 6월 중순 로마 교황청은 마틴 루터에게 그가 그동안 발표한 모든 책과 글들을 소각하고 60일 이내에 그의 잘못된 주장들을 철회하라는 최후통첩을 보냈습니다. 그러나 루터는 전혀 흔들림 없이 그다운 방법으로 대응했습니다.

그는 밤을 새워 가며 장문의 논문 세 편을 작성한 것입니다. 이 세 편("독일국가 귀족들에게 보내는 공개장", "교회의 바벨론 포로", "그리스도인의 자유")의 논문은 루터 신학의 정수요 개신교 신학의 토대와 초석이 되었습니다.

1520년 8월에 루터는 먼저 "독일국가 귀족들에게 보내는 공개장"을 썼습니다. 이 글에서 루터는 교회 안에 세워진 장벽들이 무너져야 한다고 역설했습니다. 무너져야 할 장벽 중에 두 가지만 열거하면 성직자와 평신도 사이의 장벽과 교황 무오설의 장벽이었습니다.

루터는 성직자와 평신도 사이의 장벽이 무너져야 할 성경적 근거로 베드로전서 2장 5절과 9절, 고린도전서 12장의 말씀을 인용하였습니다.

> 너희는 산돌 같이 신령한 집으로 세워지고 예수 그리스도로 말미암아 하나님이 기쁘게 받으실 신령한 제사를 드릴 거룩한 제사장이 될 지니라(벧전 2:5).

루터는 이 말씀에 근거해서 세례받은 모든 그리스도인은 농부든 상인이든 하나님 앞에서는 교황이나 사제들과 똑같이 제사장의 신분을 갖는다고 주장했습니다. 다만 직임이 다를 뿐이라는 것입니다. 이것이 루터의 유명한 '만인 제사장' 신학입니다.

오직 한 가지 조건이 있는데, 그것은 우리의 대제사장이신 예수 그리스도의 이름과 공로를 힘입어 하나님께 나아가기만 하면 된다는 것이었습니다.

이러한 만인제사장 교리는 기독교와 천주교의 차이를 극명하게 구별하는 신학입니다. 천주교는 교황이나 사제들만 이런 제사장의 신분을 갖는다고 하기 때문입니다.

그래서 가톨릭 신자는 그 자신이 제사장이 되어 하나님께 나아가 직접 죄사함을 받고 기도드리는 것을 하지 못하며, 반드시 사제나 성인이나 마리아의 중보기도를 통해서 그리스도와 하나님께 나간다고 가르치는 것입니다.

반면에 기독교는 오직 예수 그리스도만을 의지해서 모든 신자가 어느 때나 하나님 아버지께 나아가 교제하고, 사랑하고 그분의 얼굴을 뵈옵는 무한한 축복의 종교인 짓입니다. 기독교는 천주교와 비교가 안 되는 은혜와 축복의 종교입니다.

예수님은 그리스도 하나님의 아들이십니다. 예수님은 하나님의 아들 그리스도라는 증거로 십자가에서 우리 죄를 대신해서 피 흘려 죽으시고 죽은 자들 가운데

서 부활하셨습니다. 이 복음으로 우리 인생의 모든 문제가 처리되고 해답을 얻습니다.

우리 인생의 문제 중의 문제는 하나님을 떠난 죄인 된 우리가 예수 그리스도를 믿는 믿음으로 직접 하나님께 나아가 하나님을 만나 뵈옵고 기도하며 사랑을 나누고 교제하며 응답을 받는다는 것입니다. 꿈 같은 일인데 사실입니다.

기독교인은 누구나 이런 축복의 삶을 사는 자들입니다. 기뻐하시기 바랍니다. 예수 그리스도의 피를 힘입고 은혜의 보좌 앞에 나아갑시다. 기도합시다.

12

연옥의 존재

"인간은 죽으면 어떤 상태로 있게 되는가?" 성경과 기독교 신학은 죽음으로부터 부활에 이르는 중간 상태의 기간이 존재한다고 말합니다.

정통 기독교는 인간의 영혼은 죽음 이후에도 의식 있는 개별적 존재로서 즉시 천국에 들어가 영광을 누리며 계속 존재한다는 것과 그리스도의 재림 시, 영화롭게 변화된 육체가 영혼과 재결합되어 부활할 것을 믿고 있습니다.

이렇게 기독교 신학은 중간 상태의 존재는 인정하지만 중간 장소는 부정하고 있습니다. 그런데 로마 가톨릭교회는 연옥설을 통해 천국과 지옥 사이에 중간 장소를 주장하고 있습니다.

이에 대해 루터나 칼빈은 연옥설을 주장하는 천주교회를 맹렬히 공격하였습니다. 종교개혁자들은 하나같이 연옥설 전체가 성경에 어긋나는 것이라고 보고 거부하였습니다.

가톨릭 백과사전에 의하면 "연옥은 불완전한 상태로 죽었지만 회개하지 않은 무거운 죄가 없는 신자들이 미지의 기간 동안 거하는 중간 상태로, 형벌을 통해 정화 과정을 거침으로써 천국에 들어갈 자격을 얻는 곳이다"라고 하였습니다. 한국 천주교에서 나온 교리서를 보면 이 사실을 보다 자세히 설명합니다.

> 천국과 지옥 사이에 연옥이라는 데가 있는데, 사람이 죽은 다음에 죄의 그림자도 없는 깨끗한 영혼은 천국으로 가고, 대죄(중죄) 중에서 하나님과 영영 등을 진 사람들은 지옥으로 간다. 그런데 소죄(작은 죄)나 불완전을 가지고 있거나 죄에 대한 적당한 보속을 완료하지 못한 영혼들은 연옥에서 그 나머지를

보속해야 한다. 그들은 불 가운데서 고통을 받게 된다. 그러나 이 고통의 기간은 그들을 위해 땅위에 있는 사람들에 의하여 드려지는 미사와 기도와 헌금과 그 밖의 경건한 행위들로 말미암아 단축될 수 있다.

연옥 사상의 근거로 마카비하 12장 39-45절, 말라기 3장 2-3절, 누가복음 12장 59절, 고린도전서 3장 11-15절, 유다서 1장 23절을 지지 본문으로 삼고 있으나, 이들 근거는 잘못 인용한 것입니다.

종교개혁자 칼빈은 모든 영혼은 죽을 때 육체와 분리된 상태에서 의식적 실존을 계속하다 부활 때까지 그리스도께서 그들과 함께 계시고 위로를 받도록 하신다고 말했습니다. 웨스트민스터 신앙고백도 중간 상태를 동일하게 말하고 있습니다(32장 ①). 연옥은 성경이 가르치는 사상이 아니라는 것이 기독교의 확실한 주장입니다.

예수님은 그리스도 하나님의 아들이십니다. 예수님은 하나님의 아들 그리스도라는 증거로 십자가에서 우리 죄를 대신해서 피 흘려 죽으시고 죽은 자들 가운데서 부활하셨습니다. 이 복음으로 우리 인생의 모든 문제가 처리되고 해답을 얻습니다. 이 복음으로 깊이 뿌리내리시기를 기원합니다.

인간의 몸은 죽은 후에 흙으로 돌아가 썩게 되지만, 인간의 영혼은 즉시 하나님께로 돌아갑니다. 의인들의 영혼은 빛과 영광 속에 계신 하나님의 얼굴을 보며 몸의 완전한 구속을 기다립니다. 마지막 날 모든 죽은 자는 몸의 부활을 할 것입니다.

신자는 생명의 부활로 불신자는 심판의 부활로 나올 것입니다. 연옥은 존재하지 않습니다. 천주교의 주장은 잘못된 것입니다. 죽음 이후 부활까지의 중간 상태는 존재하지만 중간 장소인 연옥은 존재하지 않습니다. 여러분이 복음을 받은 그리스도인이라면 죽음 즉시 여러분의 영혼은 예수 그리스도의 피의 공로로 천국에 들어가는 영광을 누리며 부활을 기다릴 것입니다.

13

그리스도인의 자유

1520년 11월, 마틴 루터는 "그리스도인의 자유"라는 유명한 논문을 집필하였습니다. 이 글은 기독교 윤리에 대한 최고의 작품으로 평가되고 있습니다. 본래 이 글은 루터가 자기를 파문하려는 당시 교황 레오 10세와의 화해를 위해 쓴 것이었습니다. 이 글은 서로 모순되어 보이는 두 문장으로 시작합니다.

> 그리스도인은 만물에 대해 전적으로 자유로운 주인이다. 그러므로 어느 누구에게도 종속되어 있지 않다. 그리스도인은 전적으로 만물을 충실히 섬기는 종이다. 그러므로 모든 사람에게 예속되어 있다.

모순되는 말처럼 들리지만 이 짧은 구절에서 루터는 그리스도인의 삶의 두 가지 차원을 잘 요약하고 있습니다. 즉 "그리스도인은 예수 그리스도를 믿는 신앙의 진리 안에서 세상의 누구에게도 예속되지 않는 진정한 자유인이다. 그러나 봉사와 사랑의 실천에 있어서는 모든 사람을 섬기는 종이 되어야 한다"라는 것이었습니다.

루터는 예수님께서 친히 제자들의 발을 씻겨 주신 것에서 그리스도인의 삶의 전형을 찾았습니다. 그리고 그는 '그리스도인의 자유'에 대한 글의 결론을 이렇게 맺었습니다.

> 그리스도인은 자신 안에서가 아니라 그리스도와 그 이웃 안에서 산다고 우리는 결론을 내린다. 그렇지 않다면 그는 그리스도인이 아닌 것이다. 그는 신앙으로 그리스도 안에서 살며, 사랑으로 그의 이웃 안에 산다. 신앙에 의하여 그는 자기 자신 이상으로 하나님께 올려지게 되며, 사랑에 의해 자신 이하로 이웃에게 내려간다. 그러나 그는 언제나 하나님과

그분의 사랑 가운데 머문다.

 루터는 이 글을 통해 지금까지 싸워온 것은 기독교의 근본 진리를 왜곡시키는 모든 그릇된 선생들과의 싸움이지 결코 로마 교황이 아님을 분명히 하였습니다. 교황이 이런 성경진리를 받아들이고 교회를 올바른 방향으로 개혁시켜 나아가기를 소원하였습니다.

 그러나 교황은 이를 받아들이지 않고, 루터를 불러 심문하고, 그의 주장을 취소하라고 명령했으며, 마침내 1521년 1월 3일 파문했습니다. 교황이 섬기는 종의 모습이 아니라 세상의 왕들도 그의 발 앞에 입을 맞춰야 하는 높은 존재로 군림했기 때문이었습니다.

 예수님은 그리스도 하나님의 아들이십니다. 예수님은 하나님의 아들 그리스도라는 증거로 십자가에서 우리 죄를 대신해서 피 흘려 죽으시고 죽은 자들 가운데서 부활하셨습니다. 이 복음으로 우리 인생의 모든 문제가 처리되고 해답을 얻습니다. 이 복음으로 깊이 뿌리내리시기를 기원합니다.

  이 복음신앙으로 깊이 뿌리내릴 때 신자는 예수 그리스도를 믿는 신앙 안에서 누구에게도 예속되지 않는 자유인이 되며, 동시에 봉사와 사랑의 실천에 있어서 모든 사람을 섬기는 종이 됩니다. 이것이 그리스도인의 생활윤리입니다. 기도해서 성령의 권능을 받고 그리스도의 증인으로 사시기를 바랍니다.

14

개혁주의 기독교와 천주교의 교회관에 대한 본질적 차이

2007년 7월 10일 로마 교황청(교황 베네딕토 16세)은 로마 가톨릭 이외의 기독교 교파들은 올바르지 못한 교회라고 발표하였습니다.

> 그리스도는 지구상에 오직 하나의 교회를 세웠고 이는 가톨릭교회로 존재한다. 개신교도들은 교황의 존재를 시인하기를 거부하고 성찬식에 대한 견해를 달리하는 등 올바른 의미에서 교회라고 볼 수 없다.

이런 로마 교황청, 곧 베네딕토 교황의 문서는 제2차 바티칸공의회에서 기독교를 형제 교회로 인정한 것을 부정하고자 한 것입니다.

로마 가톨릭교회와 프로테스탄트(개신교) 사이에는 교회의 본질적인 성질에 관해서 현저한 차이를 갖고 있습니다. 로마 가톨릭교회의 본질을 외부 또는 유형적 조직체로서의 교회에서 찾습니다. 그들이 생각한 조직체는 교회를 구성하는 신자들의 모든 공동체가 아니라 주교, 대주교, 교황의 고문 및 교황 등의 보다 높은 교권자들의 단체입니다.

로마 가톨릭교회는 '교훈하는 교회'(ecclesia docens)와 '교훈 받는 교회'(ecclesia audiens)로 구분하고, '교훈하는 교회'(교권자들의 단체)는 교회의 영광스러운 속성들을 직접 공유하지만, '교훈 받는 교회'(일반 신자들의 공동체)는 오직 간접적으로만 단장된다고 봅니다. 엄밀한 의미에서 교회를 구성하는 것은 '교훈 받는 교회'가 아니라 '교훈하는 교회'라는 것입니다.

종교개혁은 이러한 로마 가톨릭의 교회에 대한 외부

적인 개념에 철저하게 반대하고 성도들의 내면적 또는 영적 교통으로부터 교회의 본질을 찾았습니다. 올바른 교회는 로마 가톨릭교회가 아니고 '참된 복음진리의 선포'와 '성례의 정당한 집행'(오직 세례와 성만찬), '권징의 신실한 시행'을 하는 개신교라고 믿고 있습니다. 그러므로 올바른 교회는 교권자들의 단체가 아니고 매일 열여덟 시간을 일하지 않으면 살 수 없는 사람들이 모여서라도 거룩한 교회를 이루는 것입니다.

예수님은 그리스도 하나님의 아들이십니다. 예수님은 하나님의 아들 그리스도라는 증거로 십자가에서 우리 죄를 대신해서 피 흘려 죽으시고 죽은 자들 가운데서 부활하셨습니다. 이 복음으로 우리 인생의 모든 문제가 처리되고 해답을 얻습니다. 이 복음으로 깊이 뿌리내리시기를 기원합니다.

예수님을 하나님의 아들 그리스도로 믿는 신자 여러분들이 진짜 교회이고 견습 받는 교회가 아닙니다. 여러분들이 매일 먹고 사는 일 이외에 달리 무엇을 할 재

주가 없는 사람일지라도 진짜 교회의 일원이며, 예수 그리스도로부터 직접 말씀과 성령으로 인도를 받는 존귀한 존재들입니다. 기도하십시오. 여러분들이 진짜 교회입니다. 가톨릭 신자들 앞에 자긍심을 갖고 신앙생활 잘 하시기 바랍니다.

15

사제의 독신

1517년 마틴 루터가 "95개조 논제"를 라틴어로 써서 비텐베르크 대학교회의 대문에 붙인 것을 계기로 하여 종교개혁은 시작되었습니다. 1518년 하이델베르크 토론으로부터 시작하여, 1519년 루터와 에크의 라이프치히 논쟁, 1520년 "독일국가 귀족들에게 보내는 공개장", "교회의 바벨론 포로", "그리스도인의 자유" 등의 종교개혁에 관한 핵심 논문을 발표했습니다. 1520년 12월 루터는 교황의 최후통첩 교서를 불살랐습니다.

1521년 4월 16일 보름즈에 도착한 루터는 두 번째 발언의 기회에 그의 주장에 대한 취소 요구를 거부했습니다. 그때 그는 유명한 말을 했습니다.

> 나는 여기에 확고부동하게 서 있습니다. 나는 달리 어찌할 도리가 없습니다. 하나님이여 이 몸을 도우소서. 아멘.

그리하여 루터는 쫓기는 신세가 되었고 작센 영주 프리드리히 현인의 보호로 종교개혁을 성취할 수 있었습니다. 그리고 그 후 1525년 6월 13일 루터는 수녀원에서 종교개혁의 원리를 확신하여 빠져 나온 카타리나와 결혼하였습니다.

그런데 천주교는 끈질기게 루터가 종교개혁을 한 것은 한 수녀와의 스캔들을 감추기 위해서라고 선전하여 왔습니다.

그러나 이것은 사실이 아닙니다. 루터가 이신칭의의 복음을 전했을 때, 수녀들은 더 이상 수도원생활의 공로로 구원 얻는 것이 아님을 깨닫게 되었고, 수도원을 빠져 나왔습니다. 그리고 이때 루터는 그들의 결혼을 주선해 주었습니다.

그러나 루터는 결혼을 꿈꾸지 않았습니다. 이런 루터의 행동을 그의 동료들은 의심스럽게 생각했습니다. 혹시 루터가 내심으로 천주교 윤리, 즉 독신제도를 선호하는 것이 아닌가 하였습니다.

친구들은 루터에게 결혼함으로써 천주교에서 완전히 떠났다는 것을 보여 달라고 요청했습니다. 루터는 이런 동료들의 요구에 못 이겨 결혼하였습니다. 종교개혁을 시작한 지 8년이 지난 후에 결혼한 것입니다. 물론 그의 결혼생활은 행복했습니다.

기독교와 천주교의 큰 차이점의 하나는 사제의 독신입니다. 천주교에서는 사제와 수녀의 독신을 강요합니다. 교회 역사를 보면 예수님, 사도 바울 등은 독신이었습니다. 우리는 복음을 위한 독신의 헌신을 존경하여 높이 평가합니다.

그러나 가톨릭은 성직자가 결혼하여 가정을 이루고 부부생활을 하며 자녀를 양육하는 일을 하나님의 일에 거치는 돌로 간주하는데, 이는 하나님의 창조원리에 정면 위배됩니다. 천주교의 제1대 교황으로 주장하는 사도 베드로는 결혼했고 다른 사도들도 아내들을 데리고 다니면서 전도자로 살았습니다(마 8:14; 고전 9:5).

예수님은 그리스도 하나님의 아들이십니다. 예수님은 하나님의 아들 그리스도라는 증거로 십자가에서 우리 죄를 대신해서 피 흘려 죽으시고 죽은 자들 가운데서 부활하셨습니다. 이 복음으로 우리 인생의 모든 문제가 처리되고 해답을 얻습니다.

이 복음으로 깊이 뿌리내리시기를 기원합니다. 각 사람이 받은 은사대로 주신 소명 따라 성령의 인도로 사시기를 기원합니다.

가톨릭의 독신설은 그리스도와 교회와의 상징적 영적 관계를 문자적으로 잘못 해석한 결과입니다. 각 사람이 하나님께 받은 은사대로 자유로이 할 것이며, 주신 소명대로 감사하며 복음전도자로 살아갈 것입니다.

16

천주교의 성체 숭배 (화체설과 영적 임재설)

천주교 신자들은 구원의 확신을 갖고 있지 않습니다. 천주교에서는 가르치지 않을 뿐만 아니라 구원의 확신을 주장하는 것을 정죄하고 있습니다. 천주교는 오직 예수님을 하나님의 아들 그리스도로 믿는 믿음으로 구원을 얻는다는 '이신칭의'의 진리를 거부합니다.

'이신칭의'가 없는 천주교인들은 그들이 선행을 하고 있다는 것이나 미사에 참여해서 성체성사(성찬예식)를 받았기 때문에 구원을 받는 것으로 생각합니다.

그러므로 가톨릭에서 성찬예식은 매우 중요하며, 천주교도들에게 있어서 성찬은 하나의 성례일 뿐만 아니라 제사입니다. 그들의 제사는 매 성찬 거행 시마다 그리스도를 실제적 속죄 제물로 거듭 바치는 제사입니다.

다만 '십자가의 희생제사의 피 없는 갱신'이라고 믿습니다. 천주교 신자들은 성찬이 구원의 은혜가 주입되는 통로로 믿고 성찬 떡을 보고 절하는 것입니다. 일종의 성체 숭배입니다.

천주교에서 성체성사를 숭배하는 것은 그들의 교리인 성찬예식(성체성사)에서 '화체설'을 주장하기 때문입니다. 화체설이란 성찬예식 시 신부의 축성기도를 통해 떡을 먹고 포도즙을 마시는 순간 떡과 포도즙이 실제로 예수 그리스도의 살과 피로 변한다는 것입니다. 그래서 성체를 높이고 숭상하는 것이나 이는 잘못된 것입니다.

개혁주의 기독교 교회는 로마 가톨릭교회와 달리 그리스도의 육체적 임재 대신에 그리스도의 영적 임재를 주장합니다(영적 임재설). 신자들은 눈에 보이는 떡과 포도주를 받으면서 십자가에 못 박히신 그리스도와 그 죽으심의 모든 혜택을 믿음으로 (먹는 것처럼) 받습니다. 이와 같은 섭취행위가 참된 것이기는 하지만 육체적인 것이 아니고 영적인 것입니다.

또한 은혜의 수단으로서 성찬의 효과도 기독교와 천주교는 다릅니다. 천주교는 참여자의 신앙에 의거하지 않고 누구나 은혜를 받을 수 있다고 합니다. 그러나 개혁주의 기독교 교회는 주의 성찬이 신자를 위해서만 제정되었기 때문에 죄인의 마음속에 은혜의 역사를 시작하는 목적에는 봉사하지 않고 다만 그것을 강화하는 데만 이바지하는 것으로 봅니다.

이것이 바른 진리이고 그러기 때문에 청교도들은 진리의 말씀만이 사람들을 회심시킨다는 것을 믿고 설교 시간을 중요시하고 성찬을 보통 두 달에 한 번만 하였던 것입니다. 칼빈도 매주 성찬을 거행하는 것이 이상적이리고 생각했지만, 그가 목회한 제네바 교회에서는 일 년에 네 번만 거행하였습니다.

예수님은 그리스도 하나님의 아들이십니다. 예수님은 하나님의 아들 그리스도라는 증거로 십자가에서 우리 죄를 대신해서 피 흘려 죽으시고 죽은 자들 가운데

서 부활하셨습니다. 이 복음으로 우리 인생의 모든 문제가 처리되고 해답을 얻습니다. 이 복음으로 깊이 뿌리내리시기를 기원합니다.

복음을 받은 그리스도인이 매주 성찬을 통해 신앙이 더욱 견고히 세워지는 것은 매우 바람직한 일입니다. 성령님은 거룩한 복음진리의 선포를 통해 우리 마음에 믿음을 일으키시고 성찬의 거행을 통해 그 믿음을 확증하십니다. 교회 형편대로 자주 성찬을 거행해야 합니다.

그러나 천주교처럼 성찬은 제사가 아닙니다. 신앙 없는 사람이 받아서 은혜를 일으키는 것도 아닙니다. 오직 십자가 대속의 진리를 믿는 성도가 받는 거룩한 은혜의 수단입니다.

17

연옥 대신 즉시 천국으로 들어간다

~

우리 기독교인들은 예수님을 하나님의 아들로 믿어 평생소원을 이루게 됩니다. 그것은 죽음의 문제에 대한 해결입니다. 기독교인들은 예수님을 하나님의 아들로 믿는 순간 그에게 천국이 예비됩니다. 또한 죽는 즉시 그들의 영혼은 하나님과 그리스도를 뵈옵고 사는 천상의 축복을 받습니다. 기독교는 천당과 지옥 이외의 제3의 장소(연옥)를 인정하지 않습니다.

그러나 유감스럽게도 천주교에 의하면 천당과 지옥 외에 제3의 장소 곧 연옥이 있다고 주장합니다. 천주교는 완전히 순결한 자들을 제외하고는 지상에서 성도나 순교자들이 아무리 선행을 많이 해도 그들이 사망 시에 즉시 천국으로 올라갈 수는 없다고 합니다.

천주교의 견해에 따르면 신자들의 대다수가 사망 시에 자신들의 죄로 말미암아 이 지상의 삶에서 더 이상 치를 수 없었던 세상의 형벌을 받기 위하여 '연옥'에서 다소간의 시간을 보내야 한다는 것입니다.

대다수의 성도들이 연옥에 들어가 완전히 깨끗이 정화 받아 형벌의 대가를 치르고 난 후 천국에 간다고 하는 것이 천주교의 연옥 교리입니다. 그리고 이 연옥에서 속히 나오기 위해서는 지상의 신도들의 자선·보속이 요구되고 죽은 자를 위해 기도가 필요하다고 합니다.

이런 가톨릭 교리에 의하면 지상의 전투적인 교회와 천상의 승리적인 교회 외에도 연옥의 수난을 받는 교회가 존재하는 것입니다. 지상의 사람들은 기도, 선행, 금욕, 그리고 특별한 미사의 헌금을 통해 연옥에 있는 자들을 도울 수 있다고 합니다.

그러나 이런 천주교의 주장은 성경이 알지 못하는 교훈입니다. 이미 세상을 떠난 사람들의 죄를 사하고 정화되어 천국으로 간다는 것은 구원을 돈 주고 산다는 것으로 예수 그리스도의 속죄의 완전성을 부인하는 것입니다. 죄에서 구원, 사망에서 구원, 그리고 영생복락은 오직 '하나님의 은혜로만', '믿음으로만'(엡 2:8; 갈 2:16) 이루어집니다.

죄에 대한 형벌로서 죽음은 지상에서 삶과의 완전한 단절이고 연옥과 같은 중간 영역은 없으며, 오직 복음을 받은 신자는 천국에, 예수 그리스도의 복음을 믿지 않는 불신자는 지옥이 있을 뿐입니다. 복음을 받은 기독교인은 사망 시에 그들의 영혼이 즉시 그리스도와 함께 천국으로 올라갑니다. 기독교인에게 죽음은 더 이상 공포의 대상이 아닙니다.

예수님은 그리스도 하나님의 아들이십니다. 예수님은 하나님의 아들 그리스도라는 증거로 십자가에서 우리 죄를 대신해서 피 흘려 죽으시고 죽은 자들 가운데서 부활하셨습니다. 이 복음으로 우리 인생의 모든 문제가 처리되고 해답을 얻습니다.

복음은 죄로 인한 죽음의 문제에 대한 완전한 해결

입니다. 신자는 기대하는 가운데 소천 시에 그리스도의 사랑과 그분의 품속에서 아버지 하나님께로 갑니다. 절대 연옥에서 형벌을 받지 않습니다. 종교개혁자들로 하여금 바른 진리를 깨닫게 하신 하나님께 영광을 돌립니다.

18

고해성사와 죄사함

신자의 신앙생활에 있어서 가장 중요한 것은 하나님과의 바른 관계입니다. 이것은 하나님 앞에 죄인인 우리가 예수 그리스도의 피의 공로를 믿어 죄사함 받고, 직접 하나님 앞에 나아가 교제하며 살 때 이루어지는 관계입니다.

하나님과 죄인된 우리 사이에 중보자는 오직 예수 그리스도 한 분뿐입니다. 오직 믿음으로, 오직 그리스도로, 오직 은혜로 죄사함을 받아 하나님의 무한한 축복속에 사는 자가 그리스도인입니다.

죄사함은 다른 모든 하나님의 축복과 은혜의 초석입니다. 죄사함은 축복의 장애물을 없애는 작업과 같은 것입니다. 만약 죄가 용서되면 모든 것이 형통할 것이요, 영원한 형통을 누릴 것입니다. 죄사함, 이것만이 우리가 필요로 하는 전부입니다. 그래서 누구나 죄사함 받기를 원합니다.

유대인들은 희생제사로, 이방인들은 그들의 죄를 보상함으로 용서를 얻고자 하였습니다. 그러나 그들의 모든 노력은 다 헛것입니다. 오직 예수 그리스도의 십자가 대속의 피를 믿는 공로로 죄사함은 단번에 이루어집니다. 모든 인생들은 예수 그리스도의 인격과 사역(그리스도 사건)을 믿을 때 죄사함 받고 구원을 얻습니다.

그래서 모든 기독교인들은 예수 그리스도 이름(그리스도의 인격과 사역의 총칭)을 통해서, 그 이름을 부르면서 죄사함을 받고 하나님 앞에 당당하게 의인의 자격으로 나아가 하나님과 직접 교제하며 사는 것입니다(히 4:16).

그러나 천주교인들은 기독교인들처럼 예수 그리스도의 이름을 부르면서 직접 하나님 앞에 나아가지 못합니다. 왜냐하면 그들 개인의 믿음만을 가지고는 하나님 앞에서 직접 죄사함을 받을 수 없기 때문입니다. 그들은 반드시 신부 앞에서 '고해성사'를 통해 죄사함을 받아야 하는 것입니다.

천주교는 그리스도의 사죄권이 사제들에게 전승되어 내려오고 있음으로 사죄권을 받은 신부들만이 사죄권을 행사한다고 합니다. 천주교인들은 원죄가 영세(세례)를 통해 용서받고, 영세를 받은 후의 소죄는 고해성사로 죄사함을 받습니다.

신부가 죄용서를 선언하는 순간 천국에서는 하나님이 죄를 용서해 주신다고 믿습니다. 그러므로 신부에게 죄의 고백은 고해성사에 있어서 본질적 요소라고 합니다.

그러나 이런 주장은 성경을 잘못 이해한 것입니다(마 16:19; 요 20:23; 약 5:16). 고해성사는 하나님이 정하신 의식이 아니며, 사람이 정한 의식일 뿐이라고 칼빈은 말했습니다. 신자 개인은 직접 하나님 앞에 나아가서(히 4:16), 죄를 직고하며(롬 14:12; 요일 1:9), 죄사함을 받고 하나님의 은총 속에 교제하며 사는 것입니다.

예수님은 그리스도 하나님의 아들이십니다. 예수님은 하나님의 아들 그리스도라는 증거로 십자가에서 우리 죄를 대신해서 피 흘려 죽으시고 죽은 자들 가운데서 부활하셨습니다. 이 복음으로 우리 인생의 모든 문제가 처리되고 해답을 얻습니다. 이 복음으로 깊이 뿌리내리시기를 기원합니다.

복음을 받은 여러분은 예수 그리스도 이름을 부르면서 긍휼하심을 받고 때를 따라 돕는 은혜를 얻기 위하여 은혜의 보좌 앞에 담대히 나아갈 것입니다. 목사와 신부 앞에서 고해성사할 필요 없이 즉시 기도하며 하나님 앞에 나아가시기 바랍니다.

19

죽은 자들을 위한 기도

인생이 직면한 최대의 문제는 죽음입니다. 성경은 죽음이 죄에 대한 형벌로서 주어지는 것(롬 6:23)으로 보기에 예수님을 그리스도로 믿고 죄사함을 받은 자는 천국에, 믿지 않는 자는 그의 죄로 인해 지옥에 가게 된다고 말합니다(막 9:47-49; 눅 23:43; 요 3:16; 계 20:11-15).

죽음은 장래 운명의 고성인 것입니다. 성경은 사람이 사후에 가는 곳은 천국이 아니면 지옥 두 곳 중의 하나이며, 사후의 거처 문제는 이 세상을 떠나기 전 현세에서 결정된다고 가르칩니다(히 9:27).

그런데 천주교는 죽은 자들을 이 지상에 생존하는 사람들로부터 결코 단절하지 않습니다. 사도신경에 '성도가 서로 교통하는 것'에 죽은 자와의 교통도 포함시킵니다. 그리하여 그들은 '죽은 자들을 위한 기도'를 하며, 그들을 대신하여 자선·보속·고해성사를 합니다. 기독교와 천주교 사이에 큰 차이의 하나가 바로 이 '죽은 자들을 위한 기도'입니다.

이러한 천주교의 교리는 그들이 연옥교리를 인정하는 데 있습니다. 그들의 교리에 의하면 다수의 천주교인들은 죽음 이후에 연옥의 고통들에 의해 정화되며, 이러한 고통들로부터 구원받기 위하여 지상의 신자들이 대신 기도해야 하고 자선과 선행에 의해 연옥의 사람들이 구원의 은혜를 얻게 된다고 하는 것입니다.

특히 천주교는 '죽은 자들을 위한 기도'의 일차적인 근거로 외경인 마카비하 12장 43-45절을 들고 있습니다. 물론 외경은 하나님의 말씀이 아니고 인간의 생각이므로 받아들일 수가 없습니다. 또한 그들은 신약성경의 마태복음 12장 32절이나 고린도전서 3장 15절도 인용합니다. 그러나 이 구절들은 결코 그런 의미가 아닌 것입니다.

죽은 자들을 위한 기도는 아직도 죽은 자의 운명이 고정되지 않았다는 것으로, 인간의 요구에 의해 그 운명이 변경될 수 있다는 것을 함의합니다. 이것은 성경의 가르침과 배치됩니다.

예수님은 그리스도 하나님의 아들이십니다. 예수님은 하나님의 아들 그리스도라는 증거로 우리 죄를 대신해서 십자가에서 피 흘려 죽으시고 죽은 자들 가운데서 부활하셨습니다. 이 복음으로 우리 인생의 모든 문제가 처리되고 해답을 얻습니다.

특히 인생의 가장 큰 원수인 죽음의 문제에 대한 완전한 해결입니다. 예수님을 그리스도로 믿는 순간 죄 사함을 받고 의롭다 여김을 받아 하나님의 자녀가 되고 영생을 소유하는 것입니다. 이 세상에서 영생을 얻지 않고서는 저 세상에서는 심판을 받게 되고 지옥 이외에는 기다리는 것이 없습니다.

'죽은 자들을 위한 기도'는 비성경적입니다. 지금 이 시간 참되게 예수님을 하나님의 아들 그리스도로 마음 중심에 영접하여 영생을 얻고 그 영생을 이 땅에서 누리며 사시기를 기원합니다.

20

성인들의 중보기도

~

 1505년 7월 후덥지근한 어느 날 한 여행자가 쉬토테른하임의 작센 마을 근방을 걷고 있었습니다. 그는 대학생복 차림을 한 청년이었습니다. 그가 마을에 가까이 다가서자 하늘의 먹구름이 뒤덮이기 시작했습니다.
 갑자기 소나기가 퍼붓더니 뇌성벽력과 함께 폭우로 변했습니다. 시커먼 하늘을 가르는 번개 때문에 그만 그는 땅에 나뒹굴고 말았습니다. 안간힘을 쓰며 몸을 일으키는 그의 입술에서 "성 안나여, 살려 주소서! 수도사가 되겠습니다"라는 절규가 터져 나왔습니다.
 이처럼 성인의 이름을 불러 애원하던 사람이었지만, 후에는 성인들의 숭배를 쓸데없는 것으로 반박하게 되었고, 수도사가 되겠다고 맹세한 그가 나중에는 수도원의 모든 것을 배척하게 되었습니다. 이 청년이 바로 마틴 루터였습니다.

천주교는 마리아와 성인들의 중재 간구를 주장합니다. 마리아와 성인들은 우리를 위하여 하나님께 중보기도를 드리며, 그 중보기도는 효과가 있다는 것입니다. 『가톨릭 교회 교리서』에서 이렇게 말합니다.

> 우리보다 앞서 하늘나라에 간 증인들, 특별히 교회가 '성인'으로 인정하는 이들은…하나님을 뵙고 찬양하며, 지상에 남아 있는 이들을 끊임없이 돌보아 준다…그들의 간구는 하나님 계획을 성취하기 위한 그들의 봉사 가운데 가장 고귀한 것이다. 우리는 우리와 온 세상을 위해 간구해 주도록 그들에게 기도할 수 있으며 또 기도해야 한다(제2683항).

성인들은 이미 죽은 자들입니다. 그들 중 참되게 예수 그리스도를 개인의 주로 믿는 영혼들은 천국에서 예수님이 재림하실 때까지 안식을 누리며 살 것입니다.

산 사람이 이미 죽은 자를 위하여 기도하는 것이 비성경적인 것같이, 이미 죽은 사람에게 "우리를 위하여 빌어 주소서"라고 중보기도를 요청하는 것도 비성경적입니다. 중보자는 참 하나님이시오 참 사람이신 예수 그리스도 뿐이십니다(딤전 2:5).

물론 예수 그리스도의 중보기도는 효과적이며, 지금도 예수님은 하나님 우편에 계시면서 우리를 위하여 간구하고 계십니다(롬 8:34; 히 7:25). 하나님과 죄인된 우리 사이에 중보자는 예수 그리스도뿐이며, 하늘에서 우리를 위하여 간구하시는 분도 예수 그리스도뿐이십니다.

예수님은 그리스도 하나님의 아들이십니다. 예수님은 하나님의 아들 그리스도라는 증거로 십자가에서 우리 죄를 대신해서 피 흘려 죽으시고 죽은 자들 가운데서 부활하셨습니다. 이 복음으로 우리 인생의 모든 문제가 처리되고 해답을 얻습니다.

이 복음으로 깊이 뿌리내리시기를 기원합니다. 그리

고 복음을 받은 그리스도인이 할 최고의 봉사와 헌신은 하나님과 그리스도께 기도하는 것입니다. 기도의 대상은 삼위일체 하나님뿐입니다. 성인들에게 기도해서는 안 됩니다. 오직 예수 그리스도 이름으로 더 많이, 더 확신 있는 기도를 드리시기 바랍니다.

21

개혁주의 기독교와 천주교의 세례관에 대한 본질적 차이

"비상 시에는 조산원도 세례를 줄 수 있는가?" 천주교는 이를 인정합니다. 천주교는 '세례'를 '구원에 절대적으로 필요한 것'으로 보기 때문입니다. 그러나 기독교는 안수 받은 목사가 유일한 세례 시행자라고 합니다. 이것은 기독교와 천주교의 세례관이 너무 다르기 때문입니다.

기독교에 있어서 세례는 '그리스도의 제자가 되려는 사람이 새 관계에 들어가는 상징적인 증표'로 보고 있습니다. 세례는 그리스도인이 믿음으로 하나님과 더불어 새 관계에 들어가는 것을 뜻하는 것입니다. 세례 자체가 구원의 조건이 아닌 것입니다. 그러므로 오직 안수 받은 말씀의 사역자의 임무입니다(마 28:19-20).

그러나 천주교는 세례를 구원에 절대적으로 필요한 것으로 봅니다. 그 이유는 몇 가지가 있습니다.

첫째, 세례는 원죄와 자범죄 및 죄의 형벌로부터 자유하게 하기 때문입니다.

둘째, 성화시키는 은혜를 주입시킴으로 영적인 갱신을 이루기 때문입니다.

셋째, 세례를 통하지 않고는 아무도 하나님 나라에 들어갈 수 없다고 보기 때문입니다.

그러므로 신앙유무를 떠나서 세례를 받으면 죄사함 받고 천국에 들어간다고 보는 것입니다.

반면에 기독교는 세례란 신자를 위하여 제정된 것이며, 새로운 삶을 이루어 내는 기능을 발휘하는 것이 아니라, 그것을 강화시키는 것일 뿐으로 봅니다. 세례는 천주교에서 주장하는 것처럼 마음속에 은혜의 사역을 시작하는 방편이 아니라 은혜를 강화시키며 증진시키는 방편으로 봅니다.

확실한 기독교의 성례(세례와 성찬)에 대한 입장은 "성령께서 거룩한 복음의 선포를 통해 우리 마음에 믿음을 일으키시고, 성례의 시행을 통해 그 믿음을 확증하신다"라는 것입니다.

우리는 십자가 위의 강도가 세례받지 않고도 구원받았고(눅 23:43), 아브라함은 "무할례 시에 믿음으로 된 의를 인친 것"(롬 4:11)으로서 할례를 받았으며, 성인 회심자는 세례받기 전에 이미 믿음으로 의롭다 함을 받습니다. 그러므로 세례가 은혜의 주입으로서 칭의의 수단이 된다는 것은 비성경적입니다.

구원은 오직 예수님을 하나님의 아들 그리스도로 인해 믿음으로 받는 것입니다(요 5:24; 롬 10:9; 엡 2:8; 딤후 3:15). 하나님 나라는 세례를 받아야 들어가는 것이 아니고, '물과 성령으로 거듭나야' 하나님 나라에 들어갑니다(요 3:5). 또한 원죄와 자범죄 및 죄로 인한 형벌은 세례를 받는다고 사해지는 것이 아니라 오직 흠 없고 점 없는 어린 양 되신 예수 그리스도의 보배로운 피로만 됩니다(벧전 1:19).

예수님은 그리스도 하나님의 아들이십니다. 예수님은 하나님의 아들 그리스도라는 증거로 십자가에서 우리 죄를 대신해서 피 흘려 죽으시고 죽은 자들 가운데서 부활하셨습니다. 이 복음으로 우리 인생의 모든 문제가 처리되고 해답을 얻습니다. 이 복음으로 깊이 뿌리내리시기를 기원합니다.

모든 그리스도인은 참되게 예수님을 하나님의 아들 그리스도로 믿고 영접하여 중생하고 하나님 나라에 들어가는 자가 되어야 합니다. 세례를 받았기 때문에 하나님 나라에 들어가고 죄사함을 받는 것이 아닙니다.

오직 그리스도의 피를 믿는 믿음으로 구원을 얻습니다. 그러나 구원받은 그리스도인은 반드시 세례를 받고 교회의 일원이 되어야 하고 자신의 공적인 신앙고백을 교회 앞에 해야 합니다. 세례는 예수님의 지상명령입니다(마 28:19).

22

교회와 국가 간의 관계

2014년 8월 14일 프란치스코 로마 교회 교황이 한국을 방문하였을 때, 한국 대통령이 직접 공항에 나가 영접하였습니다. 이것은 한마디로 교황의 지위가 단순한 사제가 아니라 정치적 인물인 것을 단적으로 보여 주는 것입니다. 로마 교회는 교회이며 정치 체제입니다.

교회와 국가 간의 관계에 있어서 기독교와 천주교는 큰 차이를 갖고 있습니다. 천주교는 세속의 왕국과 영적인 왕국이 둘 다 로마 교황의 통제하에 있다고 하는 로마 교황 중심의 '단일 왕국론'을 주장합니다.

로마 교회는 인간의 모든 활동 영역에 영향을 미치려 하며, 오로지 편의에 따라 종교기구로서 활동할 것인지 아니면 정치기구로서 활동할 것인지를 결정합니다. 이 활동들은 달성하고자 하는 목적에 따라, 그리고 로마 교회가 다루어야 할 사람들의 형태에 따라 각자 또는 동시에 수행됩니다.

우리가 국제 사회에서 보는 바대로 로마 교회는 다른 나라들에 대사와 사절을 보내며 다른 나라들로부터 대사와 사절을 받고 있습니다. 물론 이 모든 정치적 활동에 대한 성경적 근거는 전혀 없습니다.

한편 개혁주의 기독교는 이러한 로마 교황 중심의 '단일 왕국론'에 전적으로 반대합니다. 개혁자 마틴 루터는 '두 왕국'은 철저히 구분되어야 한다고 하면서 소위 '두 왕국론'을 주장했습니다.

> 하나는 의를 만들어 내고, 다른 하나는 외적인 평화를 가져오며 또한 악을 막기 위한 것이다. 둘 중 그 어느 것도 다른 하나가 없이는 이 세상에서 충분하지 않다.

그리고 두 왕국(혹은 두 정부)은 서로 대립되는 관계에 서 있는 것이 아니라 두 왕국(두 정부)은 둘 다 하나님의 통치하에 있다고 보았습니다.

루터는 로마 가톨릭교회가 세속 권력에 관여해 왔고, 제국이 교회를 지배했던 역사를 떠올리면서 두 왕국의 구분을 분명히 한 것입니다. 이 두 왕국의 구분이야말로 정치도 구하고, 교회도 구하는 것으로 보았습니다.

한편 칼빈의 교회와 국가 간의 관계도 루터와 동일합니다. 칼빈은 심령 왕국과 정치적 왕국을 구분하지만, 이 둘은 모두 하나님의 주권하에서 서로 조화관계를 이룬 것으로 보았습니다.

국가는 교회와 협조하고, 교회는 국가의 양심으로서 그 임무를 다하도록 보호를 받는다고 하였습니다. 교회가 국가의 보호를 받는다는 것은 어용종교화를 의미하는 것이 아니고 교회의 기본교리를 비방하는 교회의 적에 대한 처벌로서 교회의 순결보전을 의미하는 것입니다.

예수님은 그리스도 하나님의 아들이십니다. 예수님은 하나님의 아들 그리스도라는 증거로 십자가에서 우리 죄를 대신해서 피 흘려 죽으시고 죽은 자들 가운데서 부활하셨습니다. 이 복음으로 우리 인생의 모든 문제가 처리되고 해답을 얻습니다. 이 복음으로 깊이 뿌리내리시기를 기원합니다.

복음을 받은 그리스도인은 교회와 국가 간의 관계를 바르게 이해해야 합니다. 교회와 국가는 인간의 축복을 위하여 하나님께서 세우신 지상의 두 기관입니다. 전자는 영의 세계와 관계하고, 후자는 육의 세계를 다스리게 하셨습니다. 양자는 각각 세워진 목적이 다르고 관계하는 영역이 다릅니다.

이 영역 주권이 침해될 때 하나님의 심판이 따릅니다. 교회가 국가에 아부할 때 그 교회는 타락하고, 국가가 교회를 박해할 때 그 국가는 망합니다. 정교분리의 원칙이 지켜져야 합니다.

그러나 교회나 국가가 궁극적 설립목적에 있어서는 하나님의 주권확립이라는 점에서 상부상조해야 합니다. 특히 교회는 국가의 양심이 되어야 하고 육체를 위한 영혼의 구실을 제대로 해야 합니다.

What is different between
Reformed Christianity and Roman Catholic?

개혁주의 기독교와 천주교, 무엇이 다른가?

23

성화상 숭배

로마 가톨릭교회나 동방 정교회 안에 들어가 보면 성모 마리아 조각상을 비롯하여 예수님, 예수님의 제자들, 성인들, 스랍들의 그림들이 교회 전면을 중심으로 가득히 부착되어 있습니다.

신자들은 향단에 향을 피우거나 촛불을 태우며 성모 마리아 조각상 앞에서 합장하고 기원하면서, 허리 굽혀 절을 하고, 마리아 초상에 입을 맞추는 모습들을 볼 수 있습니다. 동방 정교회는 로마 가톨릭교회보다 이런 행위가 훨씬 더 심합니다.

로마 가톨릭교회는 이런 성화상 숭배 행위가 우상숭배나 미신 행위가 아니라 그 성화들에 그려진 형상들이나 조각상들에 새겨진 분들을 공경하는 것뿐이라고 주장합니다(『가톨릭 교회 교리서』, 제2132항). 제2차 바티칸 공의회 전례에 관한 헌장 125장에서는 신자들이 공경하도록 성당 안에 성화상을 전시하는 관행은 계속되어야 한다고 결정했습니다.

그리하여 『가톨릭 교회 교리서』는 다음과 같이 규정합니다.

> 성화와 전례에 쓰이는 성화상은 주로 그리스도를 그리고 있다. 성화상이 비가시적이고 불가해한 하나님을 표현할 수는 없으나 하나님의 아들의 성육신으로서 형상의 새로운 경륜이 시작되었다(제1159항).

> 하나님의 아들은 인간이 되심으로써 성화상의 새로운 역사를 시작한 것이다(제2131항).

> 성화상의 아름다움과 색채는 나의 기도를 고무시킨다(제1162항).

그리고 로마 가톨릭교회는 성화상이 기도를 돕는다고 하면서 성녀 테레사의 지침을 제시합니다. 크리스토프 쉰보른 추기경의 『가톨릭 교회 교리서 해설』(대구가톨릭대학교출판부, 2014)에 의하면, 테레사의 주장을 이렇게 높이 받들고 있습니다.

> 우리는 예수님의 인간적 모습, 그 분의 삶과 고통, 그리고 이 세상의 삶 안에서 하나님을 만나게 된다. 가능하면 자주 구세주의 성화를 바라보아야 한다(『가톨릭 교회 교리서 해설』, 418-419).

그러나 테레사 수녀는 참된 기도의 모본이 못 됩니다. 그녀는 복음의 빛을 받지 못하고 어둠에서 살다가 세상을 떠난 분으로 보이기 때문입니다(『테레사 수녀의 어두움』 참조).

기독교는 성화상 숭배를 십계명의 제2계명(우상 숭배 금지명령)에 직접 위배된 것으로 보고 있습니다. 개혁주의자 존 칼빈은 『기독교 강요』 제1권 11장에서 철저하게 성화상 숭배를 반대하고 있습니다.

> 하나님을 볼 수 있는 형태로 만드는 것은 불신앙이다. 그리고 우상을 세우는 자는 일반적으로 참되신 하나님을 배반하는 자이다.

그는 예배 시 형상 배격에 대해서 성경으로 논증하였고, 과거 교회의 교부들도 교리 주장을 통해 우상에 반대했음을 밝혔습니다. 그는 조각과 회화는 하나님의 선물이지만 결과적으로 형상의 오용은 예배 부패의 기원이 된다고 하였습니다.

예수님은 그리스도 하나님의 아들이십니다. 예수님은 하나님의 아들 그리스도라는 증거로 우리 죄를 대신하여 십자가에서 피 흘려 죽으시고 죽은 자들 가운데서 부활하셨습니다. 이 복음으로 우리 인생의 모든 문제가 처리되고 해답을 얻습니다. 이 복음으로 깊이 뿌리 내리시기를 기원합니다.

복음을 받은 그리스도인은 십계명을 하나님의 절대적 진리로 믿고 지키는 자들입니다. 다음은 십계명 가운데 제2계명의 전반부입니다.

> 너를 위하여 새긴 우상을 만들지 말고 또 위로 하늘에 있는 것이나 아래로 땅에 있는 것이나 땅아래 물 속에 있는 것의 어떤 형상도 만들지 말며 그것들에게 절하지 말며 그것들을 섬기지 말라(출 20:4-5a).

천주교는 이 계명을 범하고 있습니다. 성화상 숭배는 성경에 위배됩니다. 우리는 하나님에 대한 영적 이해로 만족해야 합니다. 또한 충분히 만족할 수 있습니다.

What is different between
Reformed Christianity and Roman Catholic?

개혁주의
기독교와
천주교,
무엇이 다른가?

24

묵주기도

지하철이나 버스를 타면 천주교인 가운데 묵주기도를 하는 사람을 가끔 발견합니다. 언뜻 보면 불교에서 사용하는 염주 같지만 천주교의 묵주는 조금 다른 모양을 하고 있고, 여기에는 각각 나름대로의 의미를 담아 구슬 하나마다 다른 기도문을 외우게 합니다.

이 묵주기도는 기독교에는 없는 천주교도의 기도방식이고, 대체로 타종교(이슬람교, 불교 등)에서 많이 사용하는 방식입니다.

이 묵주기도는 묵주를 손가락으로 한 알씩 세면서 계속해서 반복적으로 기도하는 것입니다. 천주교의 묵주기도는 하나님께 드리는 기도와 마리아에게 드리는 기도입니다. 천주교에서 사용하는 묵주기도의 문제점은 마리아에게 드리는 기도이고, 그것도 묵주기도에서 마리아에게 드리는 기도가 가장 많고 비중이 크다는 것입니다.

묵주 목걸이의 묵주는 십자가, 큰 묵주알 6개, 작은 묵주알 53개로 구성되어 있습니다. 이 묵주들은 기도들을 세기 위한 것입니다. 여기서 큰 묵주알 6개는 주님의 기도로서 6번 기도하고, 작은 묵주알 53개는 성모송으로 53번의 성모 마리아에 대한 기도입니다. 성모송은 주님의 기도보다 9배나 더 반복합니다.

이렇게 기도를 반복해서 강조하는 것은 성경적이며 좋은 것입니다. 구약의 십계명, 신약의 주기도문, 그리고 사도신경 등을 읽거나 또는 암송하는 것은 매우 좋은 일입니다.

그러나 문제는 '성모송'입니다. 성모송은 마리아에게 기도하는 것인데, 그것은 비성경적입니다. 더욱이 주님의 기도보다 9배나 더 반복한다는 것도 있을 수 없는 일입니다. 우리의 신앙의 대상은 성부·성자·성령 삼위일체 하나님뿐이기 때문입니다.

교황 요한 바오로 2세는 2002년 10월 16일 즉위 25년을 시작하면서 2002년 10월부터 2003년 10월까지를 묵주기도의 해로 정하고 "동정녀 마리아의 묵주기도"를 발표하였습니다. 『가톨릭 교회 교리서』는 묵주기도의 필요성과 가치를 여러 곳에서(제971, 2678, 2708항 등) 인정하고 있습니다.

그러나 우리는 묵주기도의 중심 내용인 성모송이 비성경적·우상 숭배적 요소임을 지적하지 않을 수 없습니다.

예수님은 그리스도 하나님의 아들이십니다. 예수님은 하나님의 아들 그리스도라는 증거로 십자가에서 우리 죄를 대신해서 피 흘려 죽으시고 죽은 자들 가운데서 부활하셨습니다. 이 복음으로 우리 인생의 모든 문제가 처리되고 해답을 얻습니다. 이 복음으로 깊이 뿌리내리시기를 기원합니다.

복음을 받은 그리스도인은 반드시 기도하게 되어 있

습니다. 하나님께로서 난 자들은 한 사람도 벙어리로 태어나는 자가 없기 때문입니다. 은혜의 성령은 우리에게 '아빠 아버지'라고 부르게 합니다. 모든 성도들은 기도하는 백성입니다. 기도 없는 복음은 성령의 역사가 없는 종이문서에 불과합니다.

  기독교인은 천주교인들보다 더 많이 기도하는 백성입니다. 그리고 참다운 기도, 응답받는 기도를 하는 백성입니다. 기도의 대상이 오직 삼위일체 하나님이기 때문입니다. 오직 하나님과 우리 사이의 유일한 중보자 예수 그리스도 이름으로만 기도할 것입니다. 마리아는 우리를 위한 중보자가 될 수 없습니다. 요한복음 14장 14절 말씀의 교훈과 같이 더 많이 예수 그리스도 이름으로 기도하시기 바랍니다.

> 내 이름으로 무엇이든지 구하면 내가 시행하리라 (요 14:14).

25

성경 해석

기독교인들과 천주교인들의 큰 차이 중의 하나는, 천주교인들이 성경에 대해서 기독교인들보다 무지하다는 것입니다. 천주교인들이 성경에 접근할 때, 그들은 그것을 이해할 수 없으므로 사제를 통해서 말해지고, 교회에 의해서 해석되어야 한다고 가르침을 받습니다.

이에 대해 『가톨릭 교회 교리서 해설』은 다음과 같이 설명합니다.

> 성경은 전체 교회의 살아 있는 전통, 곧 오랜 전통을 가지고 있다. 그리하여 성 어거스틴, 성 토마스 아퀴나스, 뉴만과 같은 거장들이 성경을 어떻게 해

석했는가? 교회가 오랜 경험을 통해서 성경을 어떻게 이해해 왔는가 하는 것들이 중요하다(크리스토프 쇤보른 추기경, 『가톨릭 교회 교리서 해설』, 대구가톨릭대학교 출판부, 2014, 41).

『가톨릭 교회 교리 문답서』는 성경 해석에 대해서 이렇게 말하고 있습니다.

> 하나님의 말씀을 권위 있게 해석하는 책무는 오직 교회의 교도권, 즉 교황과 그와 일치하는 주교들에게만 주어졌다.

가톨릭 교리에 의하면 사제들도 스스로 성경을 해석할 수 없으며, 더욱이 신자들은 스스로 성경을 해석할 수 없다고 규정함으로 인하여, 실제적으로 그들은 성경을 거의 읽지 않게 되었습니다. 천주교 신자들은 그들의 교회에는 충실하나 그들의 성경은 등한시합니다. 하나님의 말씀을 따르는 대신에 사제들과 신자들은 인간들이 만든 교회 전승을 따릅니다. 그러나 성경은 어떻게 말하고 있습니까? 바울과 실라가 베뢰아에서 전도했을 때 그 사람들의 태도는 이러했습니다.

> 베뢰아에 있는 사람들은 데살로니가에 있는 사람들보다 더 너그러워서 간절한 마음으로 말씀을 받고 그것이 그러한가 하여 날마다 성경을 상고하므로(행 17:11).

다시 말해 그들은 성령님의 도우심을 의지해서 스스로 성경 말씀을 해석한 것입니다. 예수님께서도 이렇게 말씀하셨습니다.

> 예수께서 이르시되 너희가 성경도 하나님의 능력도 알지 못하므로 오해함이 아니냐(막 12:24).

또 유대인들에게 이렇게 말씀하셨습니다.

> 너희가 성경에서 영생을 얻는 줄 생각하고 성경을 연구하거니와 이 성경이 내게 대하여 증언하는 것이니라(요 5:39).

그러면 누가 성경을 해석할 수 있습니까? 오직 성령님께서 하나님의 자녀들을 위해 해석하실 것이며, 또 그들이 모든 것을 이해할 수 있도록 도우실 것이라고 밝히고 있습니다.

> 보혜사 곧 아버지께서 내 이름으로 보내실 성령 그가 너희에게 모든 것을 가르치시고 내가 너희에게 말한 모든 것을 생각나게 하리라(요 14:26).

또 요한복음 16장 13절도 동일한 말씀입니다. 구약성경도 성경을 성도들이 읽고 묵상하고 지킬 것을 동일하게 강조합니다(시 119:11, 97-100; 잠 7:1-3).

예수님은 그리스도 하나님의 아들이십니다. 예수님

은 하나님의 아들 그리스도라는 증거로 십자가에서 우리 죄를 대신해서 피 흘려 죽으시고 죽은 자들 가운데서 부활하셨습니다. 이 복음으로 우리 인생의 모든 문제가 처리되고 해답을 얻습니다. 이 복음으로 깊이 뿌리내리시기를 기원합니다.

복음을 받은 신자는 성령을 선물로 받은 자입니다. 신자는 성령의 감동으로 성경을 읽고 깨닫습니다. 이때 이해하기 어려운 부분은 남겨둔 채 읽다가, 하나님의 뜻을 발견하기 위해 기도합니다. 때로는 주석서를 보거나 교회에 문의하여 바른 이해에 도달하게 됩니다. 그러나 신자의 성서해석의 참된 스승은 성령님이십니다. 성경을 읽고, 듣고, 연구하고, 암송하고, 묵상하기 바랍니다. 하나님의 능력이 나타나고 하나님의 뜻을 발견할 수 있도록 간절히 기도해야 합니다.

What is different between
Reformed Christianity and Roman Catholic?

개혁주의 기독교와 천주교, 무엇이 다른가?

26

구원의 확신 교리

종교개혁가 마틴 루터는 '하나님의 의'와 "의인은 믿음으로 말미암아 살리라"(롬 1:17)는 말씀 사이에 관련이 있다는 것을 깨달았을 때 "그 순간 나는 새로 태어나서 활짝 열린 문을 통해 낙원에 이른 기분이었다"라고 하였습니다.

하나님께서 그 아들 예수 그리스도를 통해서 주신 순수한 자비와 은혜를 믿는 믿음을 보시고 우리를 구원하신다는 '이신칭의' 진리를 확신했을 때, "바울 서신의 이 말씀(롬 1:17)이 나에게 있어서 하늘로 통하는 하나의 문이었다"라고 고백했습니다.

개혁주의 기독교 교회에서 '구원 확신의 교리'만큼

영광스러운 것은 없습니다. 로마서에도 이러한 말씀이 있습니다.

> 성령이 친히 우리 영과 더불어 우리가 하나님의 자녀인 것을 증언하시나니(롬 8:16).

개혁주의 교회에서는 '믿음으로 말미암아 의롭게 된다'는 진리의 확신이야말로 구원의 영광이요 개혁주의 모토(motto)이기도 합니다. 그런데 가톨릭교회에서는 이것을 전적으로 부정합니다. 또한 이 교리에 대항하도록 가르치고 있습니다. 만일 한 신자가 천주교에서 구원의 확신을 가지게 되면, 그 신자는 이제는 신부를 의지할 필요도 없고 동정녀 마리아나 선지자들의 공적이 필요하지 않게 됩니다.

이것은 천주교의 존립에 영향을 미치는 매우 중대한 것입니다. 그러므로 천주교는 구원의 확신 교리를 주장하는 자들에게는 그들의 공회에서 엄숙히 정죄하고 있습니다.

구원 얻는 신앙이란 성령으로 말미암아 마음에 일으켜진 바 하나님의 아들 예수 그리스도의 복음진리에 대한 확신이며, 또 그리스도 안에서 행하신 하나님의 약속에 대한 성실한 신뢰입니다. 그러므로 구원 얻는 신앙은 자신의 고유한 확신을 수반하게 되어 있습니다.

이러한 확신의 근거와 견고함은 우리가 가진 시시로 변하는 경험들이나 불완전한 선행이 아니라 하나님의 약속에 있습니다. 신앙의 확신은 하나님의 말씀의 권위에 근거합니다(요일 5:13, 24; 10:27-29 등). 또 신앙의 확신은 성령님의 내적 증거에 의한 것입니다(롬 8:16, 23; 갈 4:6; 고후 1:22 등).

성령님은 우리 안에서 우리가 하나님의 자녀인 것을 증거합니다. 끝으로 신앙의 확신은 신자로의 변화된 삶의 외적 증거이기도 합니다(고후 5:17; 요일 3:2-14). 신자의 신앙 확신의 보편적 증거의 하나는 신자 자신의 변화된 삶입니다.

이런 신앙의 확신은 신자의 신앙 확신의 성장을 위한 노력과 선한 싸움으로 성장할 수도 있고 약화될 수도 있습니다. 그러나 신앙의 확신을 가진 신자는 신앙이 약화된다고 하여도 신앙을 상실할 수는 없습니다. 때로는 참된 그리스도인 가운데서도 신앙의 확신이 없는 신자도 있을 수 있다고 봅니다.

예수님은 그리스도 하나님의 아들이십니다. 예수님은 하나님의 아들 그리스도라는 증거로 십자가에서 우리 죄를 대신해서 피 흘려 죽으시고 죽은 자들 가운데서 부활하셨습니다. 이 복음으로 우리 인생의 모든 문제가 처리되고 해답을 얻습니다. 이 복음으로 깊이 뿌리내리시기를 기원합니다.

예수님이 하나님의 아들 그리스도라는 진리, 십자가에서 대속의 죽음을 당하셨다는 그리스도의 피의 복음을 믿는 자는 구원을 얻을 뿐만 아니라 그 구원을 확신합니다. 구원의 확신은 신앙의 본질에 속한다고 보는 것이 개혁주의 교회가 믿는 영광스러운 진리입니다.

그러나 유감스럽게도 천주교는 구원의 확신을 부정하여 신자가 신앙생활 중에 영광스러운 구원을 즐거워

하고 감격하지 못하게 합니다. 여러분 모두는 참되게 예수님을 하나님의 아들 그리스도로 믿고, 구원의 기쁨과 영광스러움을 날마다 즐기며 사시기를 기원합니다.

*What is different between
Reformed Christianity and Roman Catholic?*

개혁주의
기독교와
천주교,
무엇이 다른가?

27

도덕적 표준의 차이

가톨릭교회에서는 다음과 같은 말들이 늘상적으로 오고 갑니다.

> 술 취하지 말라 하였지만 술을 먹지 말라고는 하지 않았다.

> 담배 피우는 것이 무엇이 죄가 되느냐?

> 빙고 게임을 교회에서 하여 친목을 도모하거나 기부금을 마련하는 것은 악이 아니다.

성도 간의 선의의 돈 따먹기나 화투치는 것도 나쁘지 않다.

그러나 이런 문제들에 대한 도덕적 표준은 개혁주의 기독교와 천주교 사이에 현격한 차이가 있습니다. 개혁주의 기독교와 천주교 간의 극명한 대조는 두 체계를 구별지어 주는 도덕률에서 나타납니다. 기독교는 이 기준을 직접적으로 성경에서 가져옵니다. 그것이 성경에 포함되어 있음을 보여 주지 못하는 한, 도덕적 요구로서 사람에게 요구할 수 있는 것은 아무것도 없습니다. 성경을 기준으로 하는 요구들은 기독교인에게 양심의 문제가 됩니다.

그러나 천주교는 일차적으로 교회법에 기준을 두고 성경은 다만 이차적인 것이며, 그 중심은 성경의 원리와 관계없이 요구 또는 허락하는 것입니다. 사제에 의해서 해석된 대로 교회의 권위가 중요한 것입니다.

그 결과 천주교는 양심을 자극하려는 것이 아니고 교황권을 지탱하기 위해 이러한 도덕적인 표준을 지켜

27. 도덕적 표준의 차이

왔습니다. 그래서 천주교의 교리와 행위들은 성경의 가르침과 관계없이 세속적 인기에 영합하는 경향이 많습니다. 개혁주의에 의해서 악행이라고 간주되는 음주, 흡연, 도박 등의 행위들이 천주교에서는 그렇게 간주되지 않고 있습니다.

구체적으로 보면 천주교는 알콜 음료의 사용을 금지한 국가에 대항하고 있습니다. 천주교는 과도하지 않으면 음주는 죄가 될 수 없다고 주장합니다. 그러면 누가 그 정도를 판단할 수 있는가? 물론 사제들입니다. 그들도 똑같이 음주하며 취하고 있습니다.

또한 기독교에서 일반적으로 금지된 흡연도 신자나 사제가 아무 구분 없이 합니다. 심지어 천주교는 도박의 일종인 빙고 놀이나 추첨, 화투 놀이를 금전과 관련하여 하고 있으며, 아무런 양심의 제한 없이 수행하고 있습니다.

그러나 성경은 음주, 흡연에 관해 경고합니다.

…방탕과 술 취하지 말며…(롬 13:13).

이 외에도 성경의 여러 곳에서 경고하고 있습니다(고전 5:11; 딤전 3:3; 엡 5:18). 또 구약은 더 엄격한 금주명령이 있습니다(레 10:9). 또한 하나님의 성전인 몸을 대상으로 하는 흡연은 불가합니다(고전 3:16-17; 6:19-20).

그리고 도박은 인간에 대한 하나님의 첫 번째 명령에 위배됩니다.

> 네가 얼굴에 땀이 흘려야 식물을 먹고(창 3:19).

> 도둑질하지 말라(출 20:15).

예수님은 그리스도 하나님의 아들이십니다. 예수님은 하나님의 아들 그리스도라는 증거로 십자가에서 우리 죄를 대신해서 피 흘려 죽으시고 죽은 자들 가운데서 부활하셨습니다. 이 복음으로 우리 인생의 모든 문제가 처리되고 해답을 얻습니다. 이 복음으로 깊이 뿌리내리시기를 기원합니다.

복음을 받은 그리스도인은 하나님의 말씀이 신앙과

생활의 유일한 법칙입니다. 동시에 개혁주의의 원칙입니다. 천주교처럼 교회의 유전이나 교회 자체의 외적인 권위를 원칙으로 내세우지 않습니다.

'오직 성경'만이 기준입니다. 성경은 유일의 법칙이며 최고의 심판권을 갖습니다. 성경의 기준을 떠나 세속주의와 영합하면 안 됩니다. 음주·흡연·도박 등은 비성경적 행위입니다. 믿음 충만, 성령 충만 받고 거룩한 삶의 열매를 맺으시기 바랍니다.

What is different between
Reformed Christianity and Roman Catholic?

개혁주의 기독교와 천주교, 무엇이 다른가?

28

'그리스도의 유일한 교회'는 가톨릭인가?

2007년 7월 10일 로마 교황청은 교황 베네딕토 16세 명의로 로마 가톨릭교회 이외의 모든 기독교 교파들을 '올바르지 못한 교회'로 규정하는 문서를 발표하였습니다. 이와 관련하여 교황청이 발표한 문서의 주요 내용은 다음과 같습니다.

> 그리스도는 지구상에 오직 하나의 교회를 세웠고 이는 가톨릭교회로 존재한다.
>
> 그리스 정교회는 교황의 권위를 인정하지 않아 결함이 있다.

개신교 등은 교황의 존재를 시인하기를 거부하고, 성찬식에 대한 견해를 달리하는 등 올바른 의미에서 교회라고 볼 수 없다.

『가톨릭 교회 교리서』, 제816, 822, 870항 등에서는 가톨릭만이 '그리스도의 유일한 교회'라고 주장합니다.

가톨릭은 그리스도의 유일한 교회로서…이 교회는 베드로의 후계자와 그와 일치하는 주교들이 다스리고 있는 가톨릭교회 안에 존재한다(제816항).

우리는 성경에서 그리스도의 유일한 교회는 하나…그 교회는 베드로의 후계자와 그와 일치하는 주교들에 의해 다스려지고 있는 가톨릭교회이다(제822, 870항 등).

가톨릭만이 '그리스도의 유일한 교회'라는 주장은 성경에 위배되며 역사적 근거도 없습니다.

성경은 그리스도께서 그분의 교회, 기독교를 세우셨으며, 그 자신이 교회가 근거하는 기반이며 동시에 그분의 몸인 교회의 머리임을 가르치셨습니다.

> 이 닦아 둔 것 외에 능히 다른 터를 닦아 둘 자가 없으니 이 터는 곧 예수 그리스도라(고전 3:11).

> 너희는 사도들과 선지자들의 터 위에 세우심을 입은 자라 그리스도 예수께서 친히 모퉁이 돌이 되셨느니라(엡 2:20).

> 교회는 그의 몸이니…(엡 1:23).

> 그리스도께서 교회의 머리됨과 같음이니…(엡 5:23).

교회는 참된 그리스도인들 모두로, 그리고 모든 민족들과 교파들로부터 '다시 태어난' 또는 '거듭난' 자들(요 3:3)로 구성됩니다. 성경에서 교회란 단어는 결코 교파를 의미하지 않습니다. 성경은 오직 하나의 참된 교회만을 인정하는데, 이 참된 교회는 주 예수 그리스도를 믿는 자들 모두로 구성됩니다. 가톨릭만이 '그리스도의 유일한 교회'가 아닌 것입니다.

또 역사적으로도 가톨릭은 '그리스도의 유일한 교회'가 아닙니다. 초대 교회 시대와 교부 시대를 거쳐 4세기 까지는 교황이나 가톨릭이 존재하지 않았습니다. 그때까지는 로마 교구, 콘스탄티노플 교구, 안디옥 교구, 알렉산드리아 교구 등 4대 교구의 감독제였고, 레오 1세 및 그레고리 1세 때부터 교황 제도가 시작되었습니다.

예수님은 그리스도 하나님의 아들이십니다. 예수님은 하나님의 아들 그리스도라는 증거로 십자가에서 우리 죄를 대신해서 피 흘려 죽으시고 죽은 자들 가운데

서 부활하셨습니다. 이 복음으로 우리 인생의 모든 문제가 처리되고 해답을 얻습니다. 이 복음으로 깊이 뿌리내리시기를 기원합니다.

복음에 뿌리내려 거듭난 신자가 될 때 참된 그리스도인이 되며, 이런 그리스도인들의 모임을 교회라고 하는 것입니다(우주적 의미의 교회). 유형의 교회는 지역과 교파를 따라 세워지며, 가톨릭도 그 중의 하나라면 하나일 것입니다.

가톨릭만이 '그리스도의 유일한 교회'라는 주장은 비성경적이며 비역사적입니다. 오직 거듭난 그리스도인들로 구성된 공동체만이 참된 교회입니다. 예수님을 그리스도로 믿고 중생하여 가까운 교회에 등록하신 후 믿음의 삶을 사시기 바랍니다.

*What is different between
Reformed Christianity and Roman Catholic?*

개혁주의
기독교와
천주교,
무엇이 다른가?

29

에큐메니칼⁽연합⁾운동

2014년 12월 4일 '한국 그리스도교 신앙과 직제 협의회'(한국신앙직제)가 서울 경동교회에서 첫 공동대표회의를 열었습니다. '한국신앙직제'는 '한국기독교교회협의회'(NCCK)와 '한국 정교회', '한국 천주교회'가 그리스도인의 일치운동 활성화를 위해 창립한 조직입니다. 이런 한국 교회 일부 인사들의 움직임은 로마 가톨릭교회의 에큐메니칼(연합)운동에 편승하는 것입니다.

가톨릭은 '그리스도 안에서의 유일한 교회'는 가톨릭을 가리키며 "모든 그리스도인들은 가톨릭 안에서 화해를 실현하여야 한다"(『가톨릭 교회 교리서』, 제822항)라고 주장합니다. 그러므로 모든 그리스도인들은 그리스도의 단일 유일한 교회인 가톨릭 안에서 화해하고 하나가 되어야 한다 하여 연합운동을 추진하고 있으며, 그 중요한 도구가 WCC(세계교회협의회)입니다.

에큐메니칼(Ecumenical)이나 에큐메니즘(Ecumenism)이란 원래 '인간이 거주하는 세계'라는 의미를 가진 희랍어에서 유래되었습니다. 또한 이 말은 '전 세계 교회운동'이란 뜻으로 사용되어 왔는데, 신약성경 마태복음 24장 14절에 있는 '온 세상'이란 말에서 인용된 것입니다. 이 용어는 초대 교회 이후 역대 세계 교회들에 적용되어 왔습니다.

그러나 오늘날 WCC가 지향하는 에큐메니칼운동은 모든 지상교회를 하나로 통합하여 '하나의 교회'가 되게 하려는 데 있습니다. 그래서 WCC는 교회통일만을 고조한 나머지 복음진리보다 가톨릭을 따라서 성례전에 치중하므로 WCC는 가톨릭화 경향으로 가고 있는 것입니다.

개혁주의 기독교는 교회통일 자체가 싫어서 연합운동을 반대하는 것은 아닙니다. 그것은 신앙의 입장이 전혀 다를 뿐만 아니라 너무 비성경적인 로마 가톨릭과의 일치를 추구하는 것이기 때문에 반대하는 것입니다.

일부 기독교 지도자들 가운데 제1, 2차 바티칸공의회를 통해 로마 가톨릭이 많이 변화되었다고 말하면서 긍정적인 태도를 보입니다. 그러나 트리엔트공의회 교리에 못을 박은 가톨릭은 겉모양의 색깔은 달라진 것 같으나 핵심내용은 하나도 변화된 것이 없습니다. 그들은 기독교와 타종교를 포섭하기 위해 위장된 모습으로 대화의 창을 열고 있는 것입니다.

비성경적인 교황권 지상주의, 마리아 공동 중보자주의, 사제들만의 중보사역, 세례와 성찬식에서 구원의 은혜 주입, 연옥의 존재, 죽은 자를 위한 기도, 성경보다 교회와 교황의 권위 부여 등 도저히 받아들일 수 없는 교리를 가지고 가톨릭은 기독교와 연합하고자 하고 있습니다. 개혁주의 기독교는 성경의 진리에 뿌리를 두고 있기 때문에 성경에 위배되는 가톨릭과 결코 연합할 수 없는 것입니다.

예수님은 그리스도 하나님의 아들이십니다. 예수님은 하나님의 아들 그리스도라는 증거로 십자가에서 우리 죄를 대신해서 피 흘려 죽으시고 죽은 자들 가운데서 부활하셨습니다. 이 복음으로 우리 인생의 모든 문제가 처리되고 해답을 얻습니다. 이 복음으로 깊이 뿌리내리시기를 기원합니다.

복음을 받은 그리스도인은 그리스도 안에서 한 몸이기에 하나가 되는 것이 마땅합니다. 그러나 연합은 제도와 조직의 단일화로 이루어져서는 안 되고 신학의 동질성에서 이루어져야 합니다. 먼저 강조될 것은 조직이 아니라 교리와 신학입니다.

그 좋은 예가 사도행전 2장 42절입니다. 먼저 "사도의 가르침을 받아 서로 교제하며 떡을 떼며"라고 하였습니다. 요한복음 17장에서 예수님도 이 순서를 강조하였습니다. 연합론자들은 먼저 예수님을 하나님의 아들 그리스도로 믿는 진리부터 체험한 후 연합이란 말을 꺼내야 할 것입니다.

오직 성경, 오직 그리스도, 오직 믿음, 오직 은혜, 오직 하나님의 영광뿐입니다. 의식적(儀式的) 통일을 통하여가 아니라 오직 예수 그리스도의 복음진리 안에서만 참된 연합은 가능한 것입니다.

What is different between
Reformed Christianity and Roman Catholic?

개혁주의
기독교와
천주교,
무엇이 다른가?

30

종교 다원주의

현재 로마 가톨릭의 수장, 프란치스코 교황은 "무신론자도 선행만 하면 천국에서 함께 만날 수 있다"라고 설교한 분입니다. 최근 설교에서는 여기서 한 걸음 더 나아갔습니다.

> 우리 모두가 천국에 갈 수 있다고 생각하면 영적인 힘을 얻게 된다. 이런 경이로운 하나님의 뜻의 실현은 우리 주변의 모든 것에 영향을 준다.

이 발언을 두고 이탈리아의 일부 매체는 "교황은 동물도 천국에 갈 수 있다"라고 보도했습니다(「조선일보」,

2014. 12. 15).

교황의 이러한 견해는 결국 예수 그리스도를 통한 구원 외에 다른 구원을 시사하는 것입니다. 그리하여 오늘날 시대적 특징인 다원주의를 수용하고, 타종교와의 일치운동으로 나아가고 있는 것이 천주교의 현주소입니다.

현대의 풍조는 다원주의, 물질주의, 윤리적 상대주의 및 나르시시즘(narcissism) 등으로 크게 정리해 볼 수 있습니다. 그 중에서도 이 시대는 다원주의가 온 세상을 풍미하는 시대입니다.

오늘날의 젊은이들은 모두 다원주의에 호감을 갖고 경청하는 세대입니다. 그들은 절대진리를 거부하고 모든 것을 주관적이고 상대적인 사고방식으로 살고자 합니다. 그들은 주관적인 진리관, 즉 "너에게는 진리일지 모르나 만인에게 진리는 아니다"라는 진리관을 갖고 살고자 합니다.

천주교는 이런 무리들을 수용하는 데 적절한 전략과 전술을 가지고 있습니다. 그것은 천주교가 성경보다 교회법을 우선하기 때문이며, 교회법으로 다원주의 사상을 인정하기만 하면 그만이기 때문입니다.

반면에 개혁주의 기독교는 성경을 유일한 기준으로 삼기 때문에 어떤 경우도 다원주의 사상을 용인할 수가 없는 것입니다. 그러므로 다원주의적 성향의 젊은이들은 당연히 천주교가 시대정신에 대응하는 유연성을 높게 보고 선호하게 되어 있습니다.

천주교의 다원주의 수용의 대표적인 경우가 WCC 활동입니다. WCC는 종교 다원주의를 표방하는 세계적 기구로서 '타종교와의 일치운동'을 전개하고 있습니다.

WCC는 예수 그리스도만이 하나님과 인간 사이의 유일한 구원자이며 중보자라는 개혁주의 기독교의 유일한 진리를 부정합니다. 세계의 모든 종교는 궁극적으로 동격(同格)이고, 동가(同價)로 여깁니다. 타종교들에도 하나님의 구원이 있다고 합니다.

이런 다원주의적 사상을 수용한 천주교는 대외적 활동에서도 이런 다원주의적 혹은 혼합주의적 종교행위를 하게 됩니다.

한국에서 유명한 고(故) 김수환 추기경은 법당에 가서 스님들과 함께 합장하며 예불을 드리는 법회의식을 가졌습니다. 이것은 천주교나 불교나 모두 구원 얻는 길이라는 다원주의 사상의 표현인 것입니다.

또한 천주교는 교회법에서 주초(酒草)를 금지하지 않고 허용하며, 또한 다원주의 사상의 또 하나의 표현인 조상제사까지 인정하고 있습니다. 이런 정책적 결정으로 천주교는 다원주의 성향의 젊은이들에게 천주교를 선호하는 문호를 개방하고 있는 것입니다.

더 나아가 천주교는 다원주의 시대의 특징인 '신비주의 추구'를 그들의 의식적 예전(미사)으로 표현하며 신비감을 일으키기 때문에 더욱 인기가 있습니다.

그러나 의식적 예전으로 구원 얻는 것이 아니고, 오직 '예수님이 하나님의 아들 그리스도'라는 진리의 말씀을 믿음으로 구원을 얻는 것입니다. 다원주의는 진리가 아닙니다. 오직 예수 그리스도만이 진리입니다.

> 내가 곧 길이요 진리요 생명이니 나로 말미암지 않고는 아버지께로 올 자가 없느니라(요 14:6).

예수님은 그리스도 하나님의 아들이십니다. 예수님은 하나님의 아들 그리스도라는 증거로 십자가에서 우리 죄를 대신해서 피 흘려 죽으시고 죽은 자들 가운데서 부활하셨습니다. 이 복음으로 우리 인생의 모든 문제가 처리되고 해답을 얻습니다. 이 복음으로 깊이 뿌리내리시기를 기원합니다.

개혁주의 기독교는 예수님만이 우리의 유일한 구원자 그리스도이심을 믿으며, 예수님만이 하나님께로 나아가는 유일한 길임을 믿습니다. 종교 다원주의는 진리가 아닙니다. 오직 성경만이 유일한 구원과 진리임을 믿는 개혁주의 기독교는 천주교처럼 다원주의를 수용할 수 없습니다.

오늘의 시대정신인 다원주의를 극복하는 길은 예수 그리스도의 복음뿐입니다. 예수 그리스도는 참된 신비입니다. 그리스도를 인격적으로 만날 때 인간은 참된 신비 속으로 들어가며, 그것을 맛보며 살 수 있습니다.

젊은이들이여! 그리스도 안으로 들어오라. 진리를 체험하라. 여러분이 찾는 것이 다 있을 것이다.

31

테레사 수녀의 어두움

인도 캘커타에서 가난한 이들을 위해 헌신한 공로로 1979년 노벨평화상을 수상한 테레사(Teresa, 1910-1997) 수녀의 미공개 편지가 책으로 나왔습니다. 테레사 수녀는 독실한 신앙심으로 2003년 로마 교황청으로부터 복자(福者: 성인의 전 단계로 신자의 공경의 대상)로 추대된 바 있습니다.

그러나 시사주간지 「타임」(TIME) 최신호(2007. 9. 3)는 『마더 데레사 나의 빛이 되어라』(*Mother Teresa: Come Be My Light*)는 책을 인용해 다음과 같이 보도했습니다.

> 테레사 수녀가 캘커타에서 봉사활동을 시작한 1948년부터 1997년 사망할 때까지 하나님의 존재를 느끼지 못했다. 그녀는 자신이 겪은 내적 고통을 지옥에 비교했고 한때는 천국과 하나님의 존재 자체에 대한 회의까지 드러냈다.

미공개 된 편지에서 밝혀진 바에 의하면 테레사 수녀는 노벨평화상 수상 석 달 전에도 자신의 고해 신부에게 다음과 같이 고백했습니다.

> 예수님은 당신을 특별히 사랑하십니다. 그러나 나에게는 침묵과 공허함이 너무나 커서 예수님을 보려 해도 보이지 않고 들으려 해도 들리지 않습니다. 기도하려 해도 혀가 움직이지 않아 말을 할 수 없습니다.

이 책은 테레사 수녀가 여러 명의 고해 신부들에게 보낸 40여 장의 미공개 서한을 수록하고 있는데, 이 편지들에는 '어둠', '외로움', '고통'이란 단어들이 반복적으로 등장하고 있습니다.

1953년 편지에서도 "마치 모든 게 죽은 것처럼 내 안에 너무나 끔찍한 어둠이 있다"라고 했고 1959년 편지에는 "내 영혼에 왜 이렇게 많은 고통과 어둠이 있는지 얘기해 달라"라고 적었습니다.

테레사 수녀는 철저한 가톨릭 신자요, 제2차 바티칸 공의회를 충성스럽게 따르는 추종자일 뿐만 아니라 열렬한 마리아 숭배자이기도 합니다. 그녀는 모든 사람이 하나님의 자녀라고 믿습니다. 그녀의 봉사와 헌신을 볼 때, 그녀는 존경받을 만한 기독교 인도주의자인 것이 분명합니다.

그러나 기독교적 구원관에서 볼 때 불행하게도 테레사 수녀는 복음의 빛 속에 들어오지 못한 것이 분명해 보입니다. 예수 그리스도의 복음은 성도들에게 단번에 주신 믿음의 도(유 1:3)입니다. 한 개인이 예수님을 하나님의 아들 그리스도로 참되게 믿을 때 그 개인은 어두움에서 빛으로 들어오는 것입니다. 사탄의 권세에서 하나님께로 돌아오는 것입니다(행 26:18). 테레사 수녀의 고뇌는 마치 마틴 루터가 복음의 빛 속에 들어오지 못했을 때의 고뇌와 전적으로 같습니다. 이것이 천주교가 갖는 믿음과 선행이라는 잘못된 구원관의 귀결인 것입니다.

예수님은 그리스도 하나님의 아들이십니다. 예수님은 하나님의 아들 그리스도라는 증거로 십자가에서 우리 죄를 대신해서 피 흘려 죽으시고 죽은 자들 가운데서 부활하셨습니다. 이 복음으로 여러분 인생의 모든 문제가 처리되고 해답을 얻습니다. 이 복음으로 깊이 뿌리내리시기를 기원합니다.

오직 의인은 믿음으로 사는 것입니다. 어둠 속에서 방황하는 자들은 속히 하나님의 아들 예수 그리스도의 복음을 마음 중심에 받아 들이시고 그리스도의 빛 속에 들어오셔서 빛의 삶을 사시기 바랍니다.

부록

개혁주의 기독교와 천주교의 신학적 · 교리적 차이 요약 도표

구분	천주교	항목	개혁주의 기독교
1	'교회전통'을 성경과 같은 권위로 인정	성경관	'오직 성경'의 권위만 인정
2	성례를 통한 구원과 고해성사를 통한 면죄 주장	구원관	'이신칭의'에 따른 구원만 인정
3	교황은 그리스도의 대리자이며, 교리에 대한 교황의 공적 발표는 오류가 없다고 주장	교황권 / 교황 무오설	오직 하나님의 권위만 인정
4	마리아 공동 중보자, 마리아 무염 수태설, 마리아 승천설 주장	마리아 숭배	우상 숭배로 간주
5	천국과 지옥 외에 중간 지역으로 연옥 인정. 작은 죄를 지은 영혼은 연옥에서 죄를 씻고 천국에 갈 수 있다고 주장	연옥설	오직 천국과 지옥만 인정

구분	천주교	항목	개혁주의 기독교
6	단일 왕국론 주장 교회인 동시에 세속적 정치체제	교회와 국가 간의 관계	교회와 국가를 서로 구분 교회는 국가의 양심으로 존재 교회는 영혼 구원의 기관
7	인정 및 숭배	성화상 / 성유물	우상 숭배로 간주
8	독자적 구원 인정 않음 주교 및 교황만 사죄 가능	신자의 지위	일반 신자는 제사장 신분 (만인 제사장설)
9	소명 받은 사제 그룹만 진정한 직업의 소명자	신자의 직업	일반 신자의 직업도 하나님의 소명(만직 제사직)
10	구원의 확신 교리 부정 이 교리의 주장자는 저주를 받는다고 정죄	구원의 확신	구원의 확신 교리를 매우 중요하고 영광스럽게 주장하고 누림
11	매우 중요하게 인정하고 죽은 자를 위해 기도함 죽은 자를 위한 기도는 연옥에서 천국으로 옮겨 갈 수 있다고 주장함	죽은 자를 위한 기도	절대 인정 않음
12	제1대 로마 교회 교황이라고 인정	베드로 교황권 주장	인정 않음 성경적 근거가 없고 도리어 야고보의 권위를 더 인정함 바울의 베드로 면책 등 베드로 자신도 인정 않음 (베드로전서)

구분	천주교	항목	개혁주의 기독교
13	교황이 최고 권위	성경 해석	오직 '성령'님이 최고 권위
14	66권의 정경 외에 외경 7권을 첨부하여 신구약 73권으로 구성	성경의 정경	신구약 66권 정경만 인정
15	마리아와 성인들의 중재 간구 주장	성인들의 중재 간구	인정 않음 오직 중보자는 참 하나님이시요 참 인간이신 예수 그리스도뿐임
16	의식적 통일을 통해서 제도와 조직으로 연합을 시도함	연합 운동	오직 진리 되신 그리스도 안에서만 연합 가능
17	가톨릭만이 그리스도의 유일한 교회라고 주장	그리스도의 유일한 교회	그리스도 안에서 거듭난 자들로 구성된 교회는 모두 그리스도의 교회
18	교회법과 교회 해석이 기준 (주초 허용)	도덕적 표준	성경이 기준 (주초, 도박은 비성경적)
19	구원에 절대 필요 원죄에서의 해방	세례	그리스도의 제자가 되려는 자가 새 관계에 들어가는 상징적 증표

구분	천주교	항목	개혁주의 기독교
20	사죄권 받은 신부들만이 사죄권 행사 고해성사로만 신자는 죄사함 받음	고해 성사와 죄사함	불필요 만인제사장으로 직접 그리스도의 피로 죄사함 받음
21	화체설(그리스도의 살과 피로 변함)을 주장 성체(성찬) 숭배 참여자는 누구든지 신앙유무에 무관하게 은혜 받음	성찬 예식	그리스도의 영적 임재 구원받은 신자에게만 효력 있음
22	성경과 관계없이 교회제도로 독신 강요	사제 독신	성경에 따라 일남일녀의 결합이 정상
23	유형적 조직체로서 교회 주장 신자들의 공동체가 아니고 주교 등 교권자들의 단체가 교회	교회의 본질	성도들의 내면적 또는 영적 교통이 교회의 본질
24	7가지 성례전 인정(영세, 견진, 고해, 성체, 혼배, 신품, 종부)	교회의 성례전	세례와 성찬만 인정
25	다원주의 수용 (WCC 가입활동, 조상제사 허용, 법당예불 참여)	다원주의	절대 배격 (WCC 배격, 조상제사 불가, 혼합주의 배격)

개혁주의 기독교와 천주교, 무엇이 다른가?

*What is different between
Reformed Christianity and Roman Catholic?*

저자 소개　　**임 덕 규**

육군사관학교 졸업
서울대학교 법대 및 동대학원 졸업(법학박사)
대한신학교 졸업
아세아연합신학대학원 졸업(M.A., M.Div.)
육군사관학교 법학과 교수 역임
대한예수교장로회(대신) 충성교회 담임목사
* 홈페이지: http://onlychrist.onmam.com
　App: "충성교회", 혹은 "충성복음교회"로 검색

저서 소개

복음과 성령 충만 I, II

임덕규 지음/ 신국판
복음의 증인으로 살 수 있게 하는 탁월한 훈련 교재.

인생 모든 문제의 해답 I, II, III

임덕규 지음/ 신국판
인생 모든 문제의 해결자 되신 그리스도를 만나는 길.

신구약을 관통하는 그리스도

임덕규 지음/ 신국판/ 352면
신·구약성경을 관통하는 그리스도 안에 모든 것이 다 있다!

신구약을 관통하는 그리스도 완결편

임덕규 지음/ 신국판/ 472면
조직신학을 복음의 권능으로 바꾸는 책.

하나님을 만나는 길

임덕규 · 박철동 지음/ 신국판/ 376면
그리스도의 피의 희생제사를 통해 인간이 하나님께 나아갈 수 있다는 진리를 전해준다.

복음이란 무엇인가 시리즈

복음이란 무엇인가? [1]
예수, 그는 누구신가?
임덕규 지음/ 46판/ 72면
평신도 전도용으로 쉽게 예수님이 누구신지에 대해서 저술하고 있다. 예수 그리스도는 구원의 주로서 그리스도시요, 살아계신 하나님의 아들이다. 전도하기 위한 태신자가 있다면 본서를 통해 예수 그리스도를 소개하면 좋을 것이다.

복음이란 무엇인가? [2]
예수, 그는 무엇을 하셨는가?
임덕규 지음/ 46판/ 120면
그리스도의 죽음과 부활은 구약성경에 이미 수천 년 전에 예언되어 있었고, 그 예언대로 예수님이 이 세상에 오셔서 성취하셨다. 본서에 기록된 이 복음진리를 참되게 상고한 자는 이 진리를 확신하고 구원을 얻을 것이며, 이 진리에 인생을 걸 것이다.

복음이란 무엇인가? [3]
예수는 그리스도
임덕규 지음/ 46판/ 88면
신·구약 성경의 주제는 한마디로 "예수 그리스도"이다. 예수는 "하나님의 아들 그리스도"이시며 또한 제사장, 선지자, 왕의 세 가지 직함을 이루신 그리스도임을 마가복음을 통하여 증거하고 있다.

복음이란 무엇인가? [4]
세상의 빛, 그리스도
임덕규 지음/ 46판/ 88면

복음의 빛을 받는다는 의미를 참되게 알고 깨달아, 마음에 그리스도의 빛을 받아 자신도 세상의 빛이 되어 어둔 세상에 그리스도의 은혜를 비추어 증거하는 증인, 곧 세상의 지도자로 살도록 하기 위해 본서는 쓰여졌다.

복음이란 무엇인가? [5]
청년의 때에 예수를 만나라
임덕규 지음/ 46판/ 88면

세상 사람들은 부·명예·권력·지식·쾌락 등을 얻으면 행복할 것으로 알지만, 그런 것들을 얻자마자 허무에 빠진다. 솔로몬 왕은 청년의 때에 너의 창조주를 기억하라고 권고했다. 즉 본서는 젊을 때에 예수님을 창조주 하나님으로 믿고 인격적으로 예수님을 만나야 한다고 권고한다.

복음이란 무엇인가? [6]
로마법과 그리스도의 십자가
임덕규 지음/ 46판/ 168면

본서는 그리스도의 재판 절차를 통해 당대 최고의 세계적인 로마법에 의해 실상 그리스도의 무죄가 입증되었음을 보여준다. 또한 유대인뿐만 아니라 이방인도 관여한 그리스도의 죽음이 모든 인류의 구속을 위한 세계적, 역사적 사건이 되었음을 보여준다.

복음이란 무엇인가 시리즈

복음이란 무엇인가? [7]
하나님 체험·말씀(그리스도) 체험
임덕규 지음/ 46판/ 104면
우리는 하나님의 말씀이신 그리스도를 체험할 때 하나님을 체험할 수 있으며 하나님을 믿을 수 있게 된다. 말씀을 통해 하나님을 만나고 체험한 신앙의 인물들과 성경, 교회사 속의 인물들을 보여 주며 진리의 말씀 되신 그리스도를 체험하여 세상의 빛으로 살아갈 것을 촉구한다.

복음이란 무엇인가? [8]
발 씻기심의 복음
임덕규 지음/ 46판/ 160면
예수님의 발 씻기심은 겸손과 섬김의 본을 보이기 위한 것이 아니라 죄 사함의 십자가 복음이다. 그리스도의 십자가 대속의 사랑을 받은 자만이 진정한 겸손과 섬김의 삶을 살 수 있다. 십자가 사랑과 죄 사함을 바로 깨달아 자유인이지만 종으로서 섬김의 삶을 살아갈 것을 촉구한다.

복음이란 무엇인가? [9]
염려하지 말라 예수가 그리스도다
임덕규 지음/ 46판/ 184면
염려를 단순하고 명확한 실제이자 세력으로 정의하며, 이 세력을 상대하기 위한 해결책을 제시한다. 그것은 바로 하나님과 그의 아들 예수 그리스도를 믿는 믿음이다. 본서는 염려로 고통당하는 자들에게 하나님의 평강과 그리스도 예수 안에 있는 위로와 성령의 능력을 소개하고 있다.

복음이란 무엇인가? 10
오직 한 길
임덕규 지음/ 46판/ 136면
그리스도는 하나님께 나아갈 수 있는 유일한 길과 진리이며 생명이다. 그리스도에 대한 참된 믿음으로 영생을 소유할 뿐만 아니라 현재의 모든 삶도 참된 행복을 누리는 삶을 살기를 권면한다.

복음이란 무엇인가? 11
그리스도와의 연합과 그 열매들
임덕규 지음/ 46판/ 296면
그리스도와의 연합은 성령의 역사로 이루어지는 것이며, 이를 통해 신자의 구원이 시작되고, 사랑의 열매를 맺을 수 있기에 이는 구원의 핵심 진리라고 설명하고 있다. 또한 본서는 부록으로 조나단 에드워즈의 설교를 첨가함으로 참된 은혜의 표지에 대한 지식을 넓혀준다.

복음이란 무엇인가? 12
개혁주의 기독교와 천주교 무엇이 다른가?
임덕규 지음/ 46판/ 168면
종교개혁 이후 성립된 개혁주의 기독교와 로마 가톨릭교회의 차이점이 무엇인지 체계적으로 다루고 있다. 종교개혁자들이 외쳤던 오직 성경, 오직 믿음, 오직 은혜 라는 기본 원칙을 중심으로 로마 가톨릭교회의 잘못된 교리, 전통이나 전승을 소개하여 일반 독자들도 쉽게 알 수 있게 개신교 정통교리와 비교하고 있다.

개혁주의 기독교와 천주교, 무엇이 다른가?

What is different between Reformed Christianity and Roman Catholic?

2015년 4월 25일 초판 발행

지은이 | 임 덕 규

편 집 | 전희정 이찬호
디자인 | 고찬송
펴낸곳 | 사) 기독교문서선교회
등 록 | 제16-25호(1980. 1. 18)
주 소 | 서울시 서초구 방배로 68
전 화 | 02) 586-8761~3(본사) 031) 942-8761(영업부)
팩 스 | 02) 523-0131(본사) 031) 942-8763(영업부)
홈페이지 | www.clcbook.com
이메일 | clckor@gmail.com
온라인 | 기업은행 073-000308-04-020, 국민은행 043-01-0379-646
예금주: 사)기독교문서선교회

ISBN 978-89-341-1448-2 (03230)

* 낙장 · 파본은 교환해 드립니다.

이 도서의 국립중앙도서관 출판시 도서목록(CIP)은
서지정보유통지원시스템 홈페이지(http://seoji.nl.go.kr)와
국가자료공동목록시스템(http://www.nl.go.kr/kolisnet)에서
이용하실 수 있습니다.
(CIP제어번호: CIP2015008575)